西南边疆山地区域开发开放协同创新中心研究丛书

钟昌标　主编

旅游景区门票价格优化研究

云南案例实证

A STUDY OF THE OPTIMIZATION OF THE TICKET PRICES OF TOURIST ATTRACTIONS
Case Studies of Yunnan Province

朱晓辉　符继红／著

社会科学文献出版社
SOCIAL SCIENCES ACADEMIC PRESS (CHINA)

前　言

旅游作为人们生活的一种休闲方式，正越来越受到社会大众的关注。截至2015年12月15日，国务院共批准设立国家级风景名胜区225处，面积约10.36万平方公里；各省级人民政府批准设立省级风景名胜区737处，面积约9.01万平方公里。风景名胜区总面积约为19.37万平方公里，占我国陆地总面积的2.02%，基本覆盖了我国各类地理区域。随着旅游发展理念的不断深入，新型旅游发展形态出现了较大变化。然而，旅游景区依然是旅游资源的富集地，是游客出行的主要吸引媒介，以龙头景区带动区域旅游的一体化发展，推动旅游业与相关产业的融合依旧是各地旅游发展的主要模式和路径。

本书研究的主要目的在于通过对旅游景区相关概念、理论及研究进展的梳理，以云南省旅游景区门票价格现状为实证进行分析，总结门票价格管理的经验，发现其中存在的问题，并对旅游景区门票价格上涨原因进行剖析，进一步探究云南省旅游景区门票价格形成机制和价格管理体制，并针对目前云南省旅游景区门票价格现状中存在的问题，优化、构建一种"既能促进旅游支柱产业形成和发展、保护性地开发旅游资源，又能兼顾旅游者、景区经营者、当地群众和政府各方利益，与资源价值相符并能反映供求关系、能够动态调整、有升有降"的门票价格形成机制。合理制定旅游景区门票价格，有助于改善随意定价、盲目攀比、价格偏高的状况，使景区门票定价更趋于合理、科学，有利于旅游业的长远发展。研究成果在一定程度上可以丰富国内旅游景区门票价格的研究理论，对旅游景区如何制定合理的门票价格进行理论探索，能够为开展相关研究提供理论支撑。

《旅游景区门票价格优化研究：云南案例实证》一书，是大学研究机构和政府部门通力合作的结果，凝聚了专家、学者、政府部门领导的智慧及经验。本项目在研究过程中，获得了云南省发展和改革委员会相关部门的支持和帮助。云南财经大学旅游文化产业研究院、云南师范大学旅游与地理科学学院及云南旅游职业学院的部分师生参与了项目的研究工作。此外，本书成书也得到了云南财经大学西南边疆山地区域开发开放协同创新中心的大力赞助。在本书付印之际，谨向所有关心和支持本研究工作的有关专家、相关部门领导及研究人员表示衷心的感谢！书中难免有不妥之处，恳请广大同行和读者批评指正。

目 录

绪 论 ………………………………………… 001
  一 问题缘起 ……………………………………… 001
  二 研究价值 ……………………………………… 004
  三 研究方法和路径 ……………………………… 004

第一章 旅游景区门票及相关概念辨析 ………… 006
  一 门票与旅游景区门票的辨析 ………………… 006
  二 门票价格、景区门票价格的辨析 …………… 026
  三 景区门票的概念及类型 ……………………… 035
  四 旅游景区门票价格的发展现状 ……………… 040
  五 旅游景区门票价格研究的重要性 …………… 047

第二章 旅游景区门票价格的基础理论研究 …… 054
  一 旅游景区的研究 ……………………………… 054
  二 关于旅游景区门票价格的研究 ……………… 064

三　旅游景区门票价格机制的研究 …………………………… 086

四　关于旅游景区门票价格模式的研究 ……………………… 112

第三章　旅游景区门票价格机制优化的理论分析 …………… 117

一　优化的理论基础 …………………………………………… 117

二　旅游景区门票价格形成的基本原则 ……………………… 122

三　旅游产品价格形成机制探讨 ……………………………… 124

四　发展的模式分析 …………………………………………… 131

第四章　云南省旅游资源特征及景区管理分析 ……………… 137

一　云南省旅游业发展现状 …………………………………… 137

二　云南省旅游资源特征分析 ………………………………… 148

三　云南省景区管理体制与运行机制 ………………………… 151

第五章　云南省旅游景区门票价格管理现状及其分析 ……………………………………………………………… 157

一　云南省旅游景区门票价格管理历史沿革 ………………… 157

二　云南省旅游景区门票价格管理现状及经验 ……………… 160

三　云南省旅游景区目前门票价格水平分析 ………………… 170

第六章　云南省旅游景区门票价格定价机制分析 …………… 176

一　云南省旅游景区门票定价及门票调整的基本做法 …… 176

二　云南省旅游景区门票价格上调的动因分析 ……………… 185
　　三　云南省旅游景区门票定价机制存在的主要问题 ……… 189
　　四　云南省旅游景区门票定价机制优化的必要性 ………… 192

第七章　云南旅游景区门票价格形成机制的优化 …… 194
　　一　定价目标的优化 ………………………………………… 194
　　二　定价范围的优化 ………………………………………… 199
　　三　定价主体的优化 ………………………………………… 200
　　四　定价类别的优化 ………………………………………… 202
　　五　定价方法的优化 ………………………………………… 207
　　六　定价程序的优化 ………………………………………… 237

第八章　云南省旅游景区资源补偿机制的优化 ……… 242
　　一　旅游景区生态补偿案例——以红河哈尼梯田为例 …… 242
　　二　景区相关利益主体补偿案例——以西双版纳傣族园、
　　　　丽江玉龙雪山景区为例 ………………………………… 248
　　三　旅游景区补偿机制的优化 …………………………… 254

附　录 …………………………………………………………… 262

参考文献 ……………………………………………………… 279

绪　论

一　问题缘起

随着社会经济的迅猛发展，尤其是第三产业在 GDP 中比重的不断提升，我国经济增长方式发生了深刻变化。旅游作为人们生活的一种休闲方式，正越来越受到社会大众的关注。国家旅游局统计显示，2015 年，我国国内旅游突破 40 亿人次，旅游收入过 4 万亿元人民币，出境旅游人次达 1.2 亿人次。中国国内旅游人次、出境旅游人次和国内旅游消费、境外旅游消费均列世界第一。国家旅游数据中心测算数据显示，我国旅游就业人数占总就业人数的比重为 10.2%。

随着改革开放的逐渐深入，我国人均 GDP 也呈逐年上升趋势：国家统计局相关统计显示，2012 年人均 GDP 达到 6100 美元，2013 年人均 GDP 达到 6629 美元，2014 年人均 GDP 达到 7485 美元，2015 年人均 GDP 达到 7904 美元，年平均增长率达到 7.39%。根据一些发达国家旅游业发展的规律，当人均 GDP 超过 4000 美元时，国民的旅游意愿会显著增强，将出现大规模的旅游需求。当前我国人均 GDP 已超过 7900 美元，旅游业处于黄金发展期，前景极其广阔。

根据住房和城乡建设部统计，截至 2015 年 12 月 15 日，国务院共批准设立国家级风景名胜区 225 处，面积约 10.36 万平方公里；各省级人民政府批准设立省级风景名胜区 737 处，面积约 9.01 万平方公里。风景名胜区总面积约 19.37 万平方公里，占我国陆地总面积的 2.02%，基本覆盖了我国各类地理区域。此外，截至 2016 年 7 月，我国已拥有世界遗产 50 项，名列世界第二，其中，世界自然遗产 11 项、文化遗产 30 项、自然与文化双遗产 4 项、文化景观遗产 5 项。据不完全统计，截至 2015 年，各项世界自然遗产共为其所在地区的居民提供就业岗位 9 万余个，帮助当地社区完成道路交通项目 180 余项。2015 年，我国各项世界自然遗产地共接待游客 1.8 亿人次，为地方带来直接收入 70 多亿元。旅游景区的建设和发展，为我国旅游业的发展提供了极其重要的支撑。

然而，在我国旅游业高速发展的背景下，一些地方过于注重景区的经济功能，片面强调旅游开发，收取高额门票，出让或转让经营权，严重影响了景区的公益性；在经济利益的驱动下，一些地方不顾风景名胜旅游资源的不可再生性，违规建设，错位开发，导致风景名胜旅游资源遭到严重破坏。尤其是一些旅游景区门票价格的不断上涨，已引起了社会各界的广泛热议。为此，全国人大常委会于 2013 年 4 月 25 日通过了《中华人民共和国旅游法》，明确要求严格控制景区门票价格上涨，对公益性的景区景点逐步免费开放。

借1999年昆明世博会成功举办的良好契机，云南旅游业在20世纪90年代末21世纪初迅速崛起，一度成为我国西部地区旅游发展的"龙头"和"标杆"。然而近年来，随着周边地区的迅速发展，至2015年，云南旅游总收入在西部地区的排名已跌至第3位，位居四川、贵州之后，在全国的排名跌至第17位。作为旅游大省，如何抓住"把云南建成我国面向西南开放桥头堡"的战略机遇，为实现云南旅游强省建设提供重要的支撑，打造和开发以精品旅游景区为核心的旅游目的地，是景区管理部门义不容辞的责任。自2012年国庆"黄金周"至今，为扩大内需、刺激国内消费，让全民共享改革开放的"红利"，云南省价格管理部门要求全省实行政府指导价或政府定价的景区一律下调20%的门票价格，让利于民，这一举措引起了社会各界的普遍好评，其他省份也纷纷借鉴。

面对上述问题，景区价格管理部门、景区经营者必须思考以下问题：景区门票价格不断上涨的动因是什么？门票价格的本质是什么？云南旅游景区的门票价格水平如何？如何形成科学合理的门票定价机制？怎样通过门票价格形成机制推动景区的改造升级，从而为云南旅游强省建设提供"硬件"支撑？如何通过景区发展带动地方经济建设、带动群众脱贫致富？针对目前景区门票价格不断上涨的趋势，价格部门应该如何实施有效的监管？

二 研究价值

为解决上述问题，本书在总结国内外关于旅游景区门票价格形成机制的研究文献的基础上，阐释旅游景区门票价格的本质、构成以及影响因素，对云南省旅游景区门票价格现状进行分析，总结门票价格管理中的经验，发现其中存在的问题，并对旅游景区门票价格上涨原因进行剖析，进一步探究旅游景区门票价格形成机制和价格管理体制，并针对目前云南省旅游景区门票价格现状中存在的问题，优化、构建一种"既能促进旅游支柱产业形成和发展、保护性开发旅游资源，又能兼顾旅游者、景区经营者、当地群众和政府各方利益，与资源价值相符并能反映供求关系、能够动态调整、有升有降"的门票价格形成机制。

本书可以为合理制定旅游景区门票价格提供科学的指导，这将有助于改善目前随意定价、盲目攀比、价格偏高的状况，促使景区门票定价更加合理、科学，有利于旅游业的长远发展。对旅游景区如何制定合理的门票价格进行理论探索，研究成果在一定程度上可以丰富旅游景区门票价格的研究理论，为开展相关研究提供理论支撑。

三 研究方法和路径

本书主要采用文献资料分析法、案例实证分析法和多学科综合研究法等研究方法。在研究过程中，针对研究的主要问题，搜集国内外相关的文献资料，初步形成研究的理论基础，同时通过对历史文献的系统梳理，构建本研究的基本框架和思路；重点对云南省景区门票价格进行研究，探寻影响门票价格制定的因素并进行合理性分析、归纳总结，探讨制定景区门票价格的科学性、合理性问题。由于景区门票的定价涉及经济学以及生态保护和开发等学科，为全方位探讨和优化价格的形成机制，本书还运用多学科综合研究方法，从实践层面到理论层面重点探讨景区门票价格的构成及影响因素、科学的定价机制及对策等问题。

在研究的调查阶段，对相关文献研究进行检索并对典型景区进行实地调查，通过开展实地考察、深度访谈、数据收集等工作，为研究提供基础性材料。在数据分析与报告撰写阶段，根据已获得的数据进行统计分析与处理，对假设理论进行验证，对价格形成机制进行比较研究，提出优化对策。

第一章　旅游景区门票及相关概念辨析

一　门票与旅游景区门票的辨析

(一) 门票的定义

门票,通常是由商业活动的主办方或者旅游景点的管理方负责发行制作、销售并监管使用的一种有价票证,如公园、博物馆、体育场等,一般是一次性的,而且需要花钱购买,有时被称为入场券,《现代汉语词典》中对门票的解释为:公园、博物馆等的入场票。门票,顾名思义,是进入各种场所的凭证。具体是指供公众游览、参观、娱乐的场所印制的带有宣传、留念等性质的入门凭证。门票主要产生于各地观览景点,娱乐场所以及纪念、节庆、展览活动场所,是契约式凭据。所以门票有旅游门票,体育比赛门票,旅行文艺演出门票,娱乐活动门票,展览门票以及具有门票性质的请柬、观礼票、出席证、入场票等。

门票从字面上来解释,"门"即建筑物的出入口上能开关的设备,"票"即作为凭证的纸条。两者结合,门票就是进出建筑物出入口作为凭证的纸条。简单地说，门票就是进入风景名胜区、公园、纪念馆、博物馆、展览馆、影剧院等旅游观光、文化娱乐场所的入场券，或者凭证。门票具有实用性和艺术性两个方面的属性。前者着重满足人们的实用需要，具有一定的价值和人身保险系数；后者着重满足人们的审美需要，属于视觉艺术。

关于门票还有其他的定义，比如，"资费说"认为门票是经过交费后取得的有效凭证；"条件说"认为门票必须具有两个条件，一是旅游景点的，二是有价证券。也即是说：门票是必须花钱购买的旅游景点的凭证。以上关于门票定义的区别主要在于，到底门票是"入门凭证"还是"资费凭证"。

"入门凭证"与"资费凭证"是不完全相同的两个概念。前者的立足点是"入门"，只要能入门，什么样材质的东西作为凭证都可以，如字条、纸片、木牌、塑料牌、画片等，不存在是否交费的问题（如赠票）；只有一个条件，即经景区单位认定可以作为入门凭证。现在的门票就是这种"入门凭证"，它不再只是收据，它不仅从面貌上而且从本质上演变为多功能的艺术品。虽然，观光者、旅游者中的多数人是出资购买门票的，但是不容忽视的事实是有些门票并没有标明收费多少，甚至有的门票就仅仅是一张小画片，因为它并不代表收据，无须证明收了多少钱。这就足以说明它是"入门凭证"而不是"资费凭证"。[1]

---

[1] 李克定：《门券收藏散论》（内部资料），2001。

（二）门票的历史

随着我国旅游业的迅猛发展，旅游门票的种类更加多样，正以绚丽的风采展示在世人面前。穷根究源，在华夏五千年文明史中，门票的凭证功能和装饰功能延续至今，范围涉及从政治、军事到经济、文化各个方面，从帝王将相到平民百姓各个阶层。

中国有可能是世界上最先使用门票的国家。我国门票的起源，可追溯到夏朝的青铜冶炼技术。《中国通史·先秦》中提到，当时不但可以制作工具、兵器，而且可以制作工艺复杂的铜爵、铜铃、铜牌饰等。[①]《辞海》对"牌"的解释是"用作凭证的小木板或金属板"。[②] 所以，就现在门票的基本概念而言，铜牌饰正是门票的源泉。门票从诞生起，就兼有凭证和装饰的功能。奴隶社会时期，其装饰功能比凭证功能还要强些，与玉佩、冠冕等一样，同属服饰文化的范畴。封建社会时期，门票从服饰文化中逐渐分离出来，虽然其在很长一段时间里还被挂在腰带上，还具有装饰性的特征，但其凭证作用日益增强，在国家管理中扮演着重要角色，如调兵遣将的兵符，外交使者的旌节，随身的鱼符、牙牌等。

跟门票最早有关联的，当属符节，大约出现在春秋时期，

[①] 范文澜等：《中国通史》，人民出版社，2004。
[②] 《辞海》，上海辞书出版社，2002。

战国时期开始普遍使用。当时有的国家称它为符，有的称它为节，后通称符节，符节是国君颁发的信物，是君主权力的象征。符节质料各异，种类甚多，符有兵符、虎符、传符等，节分龙节、元节、马节、节牌等。双方各执一半，合之以验真假。后来演变成的门票有正票和副票之分，正票由本人保存，副票备管理人员查验。

对于门票的产生，关键还要从邮驿谈起。邮驿是古代政府为传递文书，接待使客、转运物资而设立的通信和交通组织。也就是说在古代，以首都为中心建立起辐射全国的驿道（相当于现在的国道），在这些驿道的旁边隔一段距离建一个驿站，这些驿站起两个作用，即喂养用于驿传的马匹和供驿传人员吃饭住宿。当然在每个朝代，驿传的方式、名称、设置等有所不同，但是，其肩负的主要使命都是一样的，就是将中央的文书由驿传人员经过一个个驿站下传到地方，将地方的重要禀报奏书经过一个个驿站上传到中央。因此可以看出，古代的驿传肩负的使命是十分重要的，驿传在国家统治中占有重要的地位，所以每个时期的统治者大力发展和保护驿传也就不足为怪了。我们今天的门票涉及"行、娱、食、宿、购、游"多个方面，其中的"游"产生的就是现今的旅游门票；而古代邮驿门票则主要涉及"行、食、宿"三个方面。

在古代邮驿系统中，统治者为了充分发挥驿道的作用，在驿传的各个环节，如驿传文件的急缓程度、驿站的使用等方面使用多种多样的通行证，与我们今天所说的门票有很多相似的地方。为了牢固地控制广阔的领地，周朝采取了分封诸侯的制度。但周天子依然掌握着最高的权力，即所谓"普天之下，莫非王土"和"礼乐征伐自天子出"。为了巩固政权，周王朝一方面进一步完善了中央政权的国家机器，另一方面又对诸侯规定了朝贡与相互援助等制度。在王畿四周分布了几百个大小诸侯的情况下，要想在王朝内进行有效的治理，必须紧密地把各地与周王室联系起来。这是政治、军事和经济上的需要。因此，作为联结中央与周围诸侯国的纽带的邮传组织，也在新的形势下得到了加强。

周朝通信组织的管理大体上如下所述。在天官冢宰的全面领导下，秋官司寇主要负责平时通信，夏官司马负责战时紧急通信，春宫宗伯负责内外文书的起草，地宫司徒负责馆舍的供应和道路与交通凭证（节）的管理。地宫司徒主管民事，掌邦教，管理国家舆图、户籍、赋税、物产等事务，一般为其下设有"遗人""掌节"等专职，其中"掌节"："掌守邦节而辨其用，以辅王命"，节是使节、符节，用作通行凭证，种类很多。《周礼·地官·掌节》中说："凡通天下者必有节，以传辅之。无节者，有几则不达。"[1] 周朝对邮传道路的维护是十分重视的，如荀子说，要想实现王制，条件之一就是修治道路，公布并执行旅舍的规则。反之，道路污秽不修则堵塞，离亡国也就不远了。为了严格管理道路，由野庐氏维持交通，有

---

[1] （宋）陈祥道：《礼书》卷五十七。

凭证的使车可以优先通行。国家出现大的变动（国丧、战争）而由司徒下令戒严时，也准许持节的使车通过。使臣从京城出发，由天官的掌节发给圭或节，由外史起草出使文书授之。节分几种：路节、玉节、门关符节等。诸侯到中央则要持虎、人、龙节，以为行道之信。如用虎节，则知其自山国来。除节以外还辅之以传，类似通行证。凡在道路上或关内外通过，必须持有节或传，进关时由司关发给，出关时交回（与当今的磁卡门票何其相似）。投送内外文报的人，也要由司关发给节传，一方面有所区别，另一方面则定下程限，可以稽核，防止拖延。掌节在颁发文书时，也规定程限的含义，"皆有期以反节"。这都是保证文书迅速传递的措施。

战国时期，符节成为普遍使用的邮传信物。乘传遣使，必须持凭证以防止诈伪。符节，也是封建权柄集中于君主的象征。早期的节名目很多，后来逐渐地简化为一种路节，一般为长方形，正反面都有字，一面是"王命命传赁"，一面是"一辀饮之"，大意是说：王命令传舍，对所有乘辀轩车出行的使者都要给予饮食。

传世的"王命传"不止一件，唐兰先生曾在《王命传考》[①]一文中，对其加以论述："王命传可考见周代传遽与传信之制，器为铜制，铭凡九字，其器之见于著录者，余所知有七……"名不一，如"周龙虎节""汉龙虎节""龙节""虎

---

① 唐兰：《唐兰先生金文论集》，紫禁城出版社，1995。

节"等。"此器之用,即以王命命掌管传遽者发车马,供饮食者。阮氏(清·阮元)称为节,前人多从之。""余谓此器为乘传及宿止传舍者所用,当即名为传。""此器之作虎形者,出于寿县楚墓。又诸器铭文之书法,并与传世楚器合,其为楚之故物无疑。则所谓王命者,楚王之命也。王命限于传车传舍之用,则当为早期之传信。"以"王命"为乘传符验,足见当时对邮传的重视,唐氏谓:"此传实为我国古代交通史上一重要材料也。"至于符,通过关卡的符至今虽未发现,但有关文献较多。商鞅在秦国被反对变法的人追捕,客店因其无符不敢收留他。[1] 军事上传令调兵也须有符,一般由金属铸成,剖为两半,王与领军将领各执一半,如有命令,使者必须持符前去合符,然后军队才听从调遣。

传与通信的关系更加密切,也与现今门票的作用有相似的地方(实际上今天的门票也与邮政关系密切,比如,最近出现了很多邮资门票,将门票作为邮资明信片,游客购买的门票经验票员打孔验票后,可直接从景区邮寄给亲朋好友)。与通信有关的传分为两种。一种为木制传,长一尺五寸,又叫木传信,由御史大夫印封,供使用邮传的人供应车马,根据传上印封的多少决定事物的缓急和车马的等级。除辂传外,其余的发给级别较高的使臣或两千石官员。另一种为一般使者所用的传,是一种红色织物,又叫棨信。棨者,刻木为合符也。从居

---

[1] 唐兰:《唐兰先生金文论集》,紫禁城出版社,1995。

延出土的"张掖都尉棨信"看,棨是一种长方形的织物,长为21厘米,宽为16厘米,墨笔篆书,可能是缀在信使所执的棨上,或悬玉车马的棨戟上,或单独持行,用以通行关禁,棨信可以在较大范围内使用。①

还有一种与当今门票作用更为相似的被称为符传或繻的传,木制或帛制,是政府发给行旅通行关卡的一种通行证。居延汉简中有一请求发传的文书说,"永始年间闰月己巳朔丙子,北乡啬夫忠敢言之,义成里崔自当自言:为家私市居延,谨案自当毋官狱征事,当得取传,谒移肩水金官,居延县索关,敢言之闰月丙子角乐得丞彭移肩水金关,居延县索关,如律令/掾晏,令史建"。② 也就是说,出关到边疆地区做买卖,必须先申请,得到批准后才能领到符传。汉宣帝以前,关内人以车船载谷入关,也须用传。关内到关外地区也要用传。《汉书》说:"终年从济南当诣博士步入关,关吏予军繻,(终)军问:以此何为?吏曰:为复传,还当以合符。"③ 可见,这种符传将帛裂为两半,官府持其半,行旅持其半,而且官府之半还要逐关递送,以备行旅到关时合验放行。

在汉代木简中还有一种类似府传的物品,如黄文弼先生在西北考察时发现有五个木简是字形半分,估计是"两简合并书之,各持一半,而作符信之用也。……只存左判,然其右判

---

① 徐乐尧:《汉简所见信符辨析》,《敦煌学辑刊》1984年第2期。
② 《文物》,文物出版社,1973。
③ (汉)班固:《汉书》卷六十四下。

必有，或别存一地，未及发现耳"。①

另外还有一种传符，是出入宫殿大门所用的。《汉官解诂》说："若有医巫儗人当入（宫）者，本官长吏为封启传，（卫士）审其印信然后内之，人未定又有籍，皆复有符，符用木长二寸，以当所属两字为铁印，亦太卿炙符，当出入者案籍毕，复齿符，乃引内之也。"② 看来，这种传符就是入宫的通行证。符传用途甚广，陈直先生将其归纳为六种：出入关律之符；出入宫禁之符；征召劳役之符；缴巡省查之符；征召臣工之符；车辆之封符。③ 前两种都和当今的门票非常相似，即进出的通行证。徽章与门票亦有渊源关系。徽章源于欧洲，伴着炮火硝烟进入中国，清朝政府为适应对外交往、与国际礼仪接轨的需要，于光绪七年十二月十九日（1882年2月7日）批准了《宝星章程》，宣统三年（1911年）批准了《勋章章程》，此后，北洋政府、南京国民政府也制定了相关的勋章制度。随着社会的巨大变革，服饰文化紧跟时代潮流，徽章也不例外，徐珂在《清稗类钞·服饰·徽章》中说："今谓凡可旌别之记号者，曰徽章，常用者以金银铜为之，暂用者以绸缎绫为之。"④ 这说明清末民初，徽章的功能和作用已不局限于颁

---

① 黄文弼：《罗布淖尔考古记》，台北北京大学出版社，1948。
② 王隆撰《汉官解诂影印文渊阁四库全书》，胡广注，台北商务印书馆，1983。
③ 陈直：《居延汉简研究》，天津古籍出版社，1986。
④ 徐珂编撰《清稗类钞》，中华书局，2010。

奖，而广泛用于身份、出入的凭证。

门票的另一源流是请柬。在封建社会，私家花园甚多，但都不对公众开放，官绅名流聚会，游园赏花，少不了以请柬相邀，请柬用来观览游园，其作用类似门票。古籍中还有一些零星记载，比如，朝山和寺庙拜佛"买门""香税"等，但尚不足以正源流，其余如"谒""纸""刺""帖""状"等，与当今名片无异。

门票的大量出现也是从清末民初开始的。1908年（光绪三十四年）北京三贝子花园（今动物园）于5月20日向公众开放并发售门票，仅十月初十慈禧太后70寿辰这天，游客就达五六千人。辛亥革命后，皇家园林、名胜古迹、博物院、公园相继对公众开放，门票的使用更为广泛，尽管名称不同，但入门凭证的作用是一致的。民国时期的门票记载颇多，保存至今的实物却非常有限。目前，已有北京、上海、南京、杭州、成都等城市的民国门票为少数收藏者所收藏。

值得一提的是，新中国成立后，一些城市如北京、上海、武汉、成都、广州曾使用金属门票，金属门票借鉴了古代钱币与近现代徽章的材料和形状而制作，这充分显示了金属门票在20世纪五六十年代作为代币和入门凭证的作用，这也是金属门票受到门票、钱币、徽章爱好者重视的原因。

（三）门票的功能

现今的门票不仅是入门的凭证而且是一种多功能的艺术

品，丰富多样的门票体现了不同的功能。

1. 凭证功能

凭证功能是门票自身的基本功能，但也是最短暂的功能。人们进入公园、旅游风景区、纪念馆游览参观，如果没有门票作为凭证，管理人员就很难断定你是否付费，是否具有了进入景区的资格，从而加大了管理的难度，容易造成很多不必要的矛盾。因此，进入景区等公共游乐场所，必须有门票作为凭证。

同时我们也可以看出，门票凭证功能存在的基础是进入景区就要付费，如果进入景区不需要人们付费了，门票的凭证功能也将不再存在。现今，我国的景区具有公益性，它属于全国人民，为人们提供文化、娱乐、游览、休息的场所。但同时它又具有商品性，门票收入直接影响园林的维持和发展。在建造景区时，国家投入了大量的人力、物力，耗费了巨大的经费；建成后，管理这些公园、纪念馆又需要大量的管理人员；随着景区的开发，景区的房屋、设施等需要经常性地维修保养。也就是说在一定程度上，作为景区的主要经济来源，门票在维持景区的生存和发展上发挥了巨大的经济作用。可以看出景区门票收费，在现阶段是十分必要的，但是门票的收费应该有一个合理的上限，不能无休止地提高，否则将损害群众应有的权利。更不能以加强管理为幌子，掩饰景区凭借提高门票价格大量获利的本质。

进入景区需要付费，为何不能直接支付现金，而要购买门票呢？笔者认为主要有两个原因。其一，便于管理，因为大多数景区是对外开放的，游览人数众多，如果以现金支付，难以管理，很可能造成经济上的混乱，也很难从经济上对景区的收入进行监督。因此需要一个充当货币角色的东西来代替，而门票的形式简单，使用方便，有利于管理，理所当然地充当了代理货币这一角色，起到了凭证的作用。其二，门票经过相关的法律机关和权力部门的认可，具有一定的法律效力。游客买了门票后，景区和游客之间形成了一种契约关系，游客买了门票进入景区，就像旅客买了火车票乘火车，可以保证游客旅游方便和人身安全。特别是现在不少景区直接通过保险机构办理了保险手续，增加了游客游览的安全系数。当游客在正常游览景区的过程中，出现了人员伤害等事件的时候，游客可以凭门票要求景区或者保险机构对其损失进行赔偿。

门票的凭证功能是通过价值来体现的。没有价值的门票是不存在的，也就不能发挥凭证的功能。门票的凭证功能将因检票消失，或过期消失，或换代消失。因此，凭证功能虽然是门票的基本功能，但不是其全部功能。

2. 导游功能

我国许多风景名胜区门票附有导游图，如峨眉山、青城山。门票上的导游图或立体，或平面，简洁明快，使人一目了然。一般说来，门票导游图能解决三个问题：一是明确有多少处景点和景点位置；二是明确景点名称、性质；三是明确来去线路（出发点、终点及里程）。旅游者有了这种导游图就能在游览时心中有数。

3. 观赏功能

观赏功能能够使人们透过视觉感官获得美感，是门票设计者追求的重要功能。门票艺术是展开于空间，表现为静态，诉诸视觉的综合艺术。这种空间性、静止性、可视性是门票艺术的美学特征。旅游者购票后，一张融艺术性、知识性、趣味性于一体的精美门票，对游客们的美感效应是不可忽视的。门票虽小但它的潜移默化的作用并不小，门票观赏价值取决于人们的审美心理规律，对这一规律认识程度的高低，是门票设计者和决策者首先要考虑的问题。门票根据品种可分为简易门票和艺术门票。这两种门票既有本质联系，又有功能上的区别。简易门票注重实用的需要，如早期的公园门票只是在小纸片上印有公园名称和价格，个别的甚至不是印上去的，是手写的。这种门票除作为凭证外，不具有美感。而艺术门票不仅可以满足实用需要，而且可以满足人们的审美需要。当今的大多数门票设计把传统艺术（绘画、工艺、书法）、摄影艺术和现代印刷技术相结合，设计精品络绎问世，一张门票就是一件艺术品，充满了艺术魅力和感染力。

4. 宣传功能

门票的宣传功能主要体现在三个方面。一是自我宣传。门票的画面简介都是对景点自身的宣传，优秀的门票简介，文字简练，精辟隽永，把它汇编起来，就是高质量的"风景名胜典"。门票作为景区宣传的载体，可以传递、宣传景点的风貌特色，增强风景点的知名度，吸引更多的游客前往参观旅游。许多游客本来不知道某个风景点，可能因为看了某个风景点的门票后，产生了去游览的欲望。二是广告宣传。在门票背面打广告，目前在门票中虽然不多，但是它开拓了一种广告宣传的新思路，是经济同文化的互补，有利于对文化事业的扶持。这种做法正在逐步被景区和企业所接受。三是整体宣传。我国飞速发展的各类门票，对中华五千年文明史，对中华大地优秀遗产，对我国传统艺术、民情、民俗等的广泛宣传作用是不可低估的。

5. **资料功能**

目前已经有一些旅游、文化、园林等管理部门和旅游业经营者把门票视为重要的经营、宣传和竞争的手段，并非常注重搜集资料，研究改进门票的设计、制作和管理。我国门票收藏界也开展了不少的整理和研究工作；尽管这种研究工作还是初级的、表层的、分散的，处于民间小规模自发阶段，但是可以看到民间研究已取得了一些成果，为民间文化艺术档案增添了新的篇章。

6. **实用功能**

由于各种各样的门票的材质和形状不同，门票的实用功能也有很大区别，VCD 门票动态地、形象地记录了景区之美。而邮资门票，除了可以作为入门的凭证还可以用来邮寄，将景区的门票寄给亲朋好友，很新奇又很有纪念意义。还有一些景区将门票制作成书签，一套几枚至十几枚不等，并配有彩带。

这些类似于标准书签的书签门票，精美适用，深受门票收藏者和游客喜爱。

7. 管理功能

门票的管理功能主要是针对景区管理者来说的，特别是随着计算机和网络的发展而产生的电子门票，更加便于管理者获取准确数据，做出决策。门票是进入景区的凭证，没有门票就无法进入景区。景区管理者通过对售出门票数量的统计可以获取每天的游客人流量和财务收入，老人、小孩、成人等在游客中所占的比例，某一时段内游客数量、流量，可以根据景区的承载量调节进入景区的游客数量和景点内的游客数量（保证游客数量不超出设计允许的游客数量、流量，避免游客拥挤从而对景区造成破坏）。

门票中的主体是旅游门票。一般来说，旅游门票是进入景点的有价凭证，也有一些是进入景点的无价凭证，如请柬、赠票等，因此，旅游门票应该是与旅行和游览相关的入门凭证。旅游门票以旅游景点的门票来界定比较合适，旅游景点主要有人文类景观和自然类景观等，其他的则可统称为门票。

（四）旅游与门票的关系

旅游门票的产生源于旅游，旅游门票与旅游之间可以说是隶属关系。从徐霞客开始旅游活动才比较知名。当时人们没有现在这样的经济头脑，旅游是免费的，也没有门票可言。对中国人来说，旅游是个新名词。1979年和1989年版的《辞海》

中还没有旅游这个词，1999年版的《辞海》中才有了旅游的词解："旅行、游览。"随着社会的发展和人们旅游意识的提高，人们开始有计划地管理旅游资源，并出现了旅游的收费制度，旅游门票也就应运而生了。在我国门票与旅游是同步发展的，并且随着旅游经济市场的不断发展，旅游门票也不断地深入发展。"文化大革命"前，能游玩的地方不多，门票也很简单粗糙，基本上都是小字票，有些地方为了节省费用，使用能重复用的筹码式门票。20世纪80年代的旅游门票，票幅较大，印制比较讲究，票面印有套色图案。到90年代，旅游进入大发展时期，随着景点的增加门票的种类越来越多，随着价格的提高门票印制越来越精美；随着市场竞争意识的增强，景点介绍的人文信息越来越丰富；随着景点对纪念收藏功能认识的提高，门票更加绚丽多彩，新奇门票层出不穷；随着印刷技术的进步、新材料的出现和运用，旅游门票的科技含量也越来越高。

旅游景点使用门票的目的是管理进入者，并据以核算门票收入。税务部门监管的门票还充当发票，是纳税的依据。这说明门票的生产和使用是旅游景区景点管理工作的一部分。因此在设计、印制门票时，需要顾及这些功能，使门票具备必需的要素。

（五）旅游门票的产生

探讨旅游门票产生的可能，必须了解中国旅游的发展史。

过去旅游是统治阶级的特权和奢靡的生活方式，无休止的淫游，给人民造成巨大的灾难，当然更无旅游门票可言。但到了魏晋南北朝时期，以文人名士为主流的玄游成风，自然审美理念的确立，带动了旅游景区和宗教风景资源的开发。隋唐时期，统一辽阔的疆域，高度发达的政治、经济、文化、交通和强大的军事力量，形成了有规模的旅游潮流。特别是佛道盛行，寺观普遍对外开放，门户不禁，寺观成为进行世俗交往活动的中心，成为文人和市民观景、会友、吟咏、赏花的游览胜地，如长安、洛阳、扬州、广州等成为世界著名的旅游城市。旅游的六大要素在这一时期已基本具备，旅游门票的产生成为可能。

从相关记载来看，旅游门票的出现可能与宗教有关。明代张岱著《陶庵梦忆》卷二中记载："己巳，致曲阜谒孔庙，买门者门以入。"[①] 是否明代就有旅游门票，有人怀疑明代"买门"是否同"买路"一样，只交钱不给票据。这可从三方面进行探究。

第一，重视管理。明清时期，统治者推崇儒家思想，是历史上祭孔活动最繁荣的时期。第二，明代就已有官票。《辞海》"票法"一词介绍：明嘉靖八年（1529），浙江部分地区官盐不通，私盐日增，巡按御史王化清准许土商自卖食盐，不论开报多少，都给官票，酌量收税，后又行于山东等地。官票

---

① （明）张岱：《陶庵梦忆》卷二《孔庙桧》，中华书局，2008。

相当于营业执照和税票，土商凭票销盐，官府凭票收税，所以土商又称票商。当时，票据不只在盐业领域使用，山西金融业也出现了票号，它的使用范围在逐步扩大。曲阜属于山东名邑，孔庙作为旅游胜地，也有先行使用票据的可能。但不管怎么说，旅游门票最早是纳税的凭据，是政府行为。在凭证"家族"中，旅游门票的"老祖宗"，实质上就是现在的税票。近年来，各地税务部门在旅游门票上开始加印监制章，这是有历史根据的。第三，这点在离曲阜很近的泰山得到印证。清康熙二十二年初成书的《虞初新志》记载："途中矫首欲望东岳……欲上，土人曰：'不可'，山顶有娘娘庙，领官票而后得入，票银二钱，曰：'口税'。"[①] 官票就是纳税的凭据，可能是当地"靠山吃山"的缘故。由此推断，我国最迟在明代，就有了正式的旅游门票。[②]

（六）旅游门票的功能

近几年，人们赋予了门票多种功能。其中包括入门功能、报销功能、导游功能、保险功能、警示功能、史料功能、观赏功能、教育功能、邮寄功能、祝贺功能、宣传功能、广告功能、抽奖功能等。有些门票上印着报销凭证、参观游览路线图、保险公司的保单，或某企业的广告。有些是兼而有之。

[①] 张潮等：《虞初新志》，上海古籍出版社，2012。
[②] 汤杰元：《考证门票源流》（上），上海科学出版社，1998。

这些功能总体可以归为三大类：凭证功能、传播知识的功能以及艺术功能。其他都属于附属功能。

第一，凭证功能。即以门票作为游览公园，参观纪念馆、博物馆、名胜古迹等景点的凭证。因此，从某种意义上说，门票具有纪念作用。不少游客在游完景点后对一张设计精美的门票爱不释手，将其留作纪念，随着时间的流逝回忆往昔，其乐无穷。

第二，传播知识的功能。相当一部分旅游景点的门票将景点的典故、传说、来历印在门票的背后。这些文字往往涉及历史、地理、文学艺术等多个学科的知识。因此，人们接触门票后不知不觉地增加了相关知识，开阔了眼界。从某种程度上来说，旅游门票也是对游客的知识教育和思想教育。

第三，艺术功能。门票在规格、设计、选图等方面都体现了景点的特点和文化内涵。从门票的选图来说，门票将雄伟壮丽的山水或人文古迹巧妙地浓缩在方寸之中，人们从中可以领略到各地具有代表性的风光、人文、地域特色。从形式来说，千姿百态而各具特色的旅游门票本身就是一件精美的艺术品，人们在收藏、欣赏过程中得到了美的享受，这在无形中提高了人们的审美能力和艺术修养，陶冶了人们的情操。

（七）旅游门票与其他门票的区别

旅游门票与其他门票的区别主要是由其性质决定的，其中最大的区别在于旅游门票的设计突出的是旅游景区所在地域的人文、地域特色，而其他门票，如展览门票、娱乐门票或其他类门票突出的是其商业性和实用性。旅游门票设计的精品化思路使它自身已成为旅游文化的一部分，旅游门票注重的是门票本身要做到与游客思想的融通以及对地域文化的传播，因此旅游门票极具艺术价值和收藏价值。而其他类型的门票则简单地充当了代理货币的角色。旅游门票有很强的观赏审美价值，我国的旅游门票设计具有典型的民族文化和地域特色，设计得体大方，版式讲究，艺术表现形式丰富多彩，摄影、国画、书法等艺术表现形式在旅游门票上与现代设计完美融合，使旅游门票色彩艳丽，可谓精美的艺术品，旅游门票充分体现了民族的特征和地域的文化内涵。另外，时代性也是旅游门票设计的一大特色，旅游门票设计本身注重的文化性和艺术性使它和其他门票只注重商业性、实用性有着明确的区别。

（八）旅游门票的价值功能体现

旅游门票具有实用性价值，这在某种意义上极大地便捷了旅游景区管理者与参观者之间的价值交换。符合当地景区的旅游门票不仅能够为景区带来丰厚的经济利益，而且能够为其参观者带来收藏价值。

旅游门票具有艺术性价值，艺术性是旅游门票的外延功能，有助于体现当地景区的自然景观和人文特色，能够使参观者形成最直观的印象，因此旅游门票成为设计师展示当地特色的一种形式。设计师的设计在满足参观者审美追求的同时充分展示了旅游门票的艺术性，达到了具有艺术品级别的水准。例如，雍和宫门票，参观者购票的同时会被赠予一张介绍雍和宫历史文化的 VCD 光盘，使参观者对景区形成最佳印象，引发收藏兴趣。

旅游门票具有展示性价值，众多旅游景区目前已将旅游门票作为首要展示途径，让参观者第一时间了解当地人文地貌的基本内容，同时对旅游景区进行最为简洁直观的宣传，有助于吸引更多参观者到当地游览与观赏。

二 门票价格、景区门票价格的辨析

（一）门票价格

门票价格是某个场所提供产品的价值反映，是消费者进入该场所观光游览、体验文化、娱乐所付出的费用，门票价格不仅包括该场所提供的文化体验等无形资产的价值，而且包括其在管理成本、修建与保护等方面投入的人力、财力和物力的价值。不是所有的门票价格都是反映该场所的内部价值的，例如，寺庙、博物馆等本身就不同于一般的产品，其遗存的大量文物和艺术瑰宝具有重要的历史、教育和文化价值，这些无形资产决定了其门票价格的制定要体现一定的社会公益性，门票价格只是寺庙、博物馆价值的一部分。

门票价格的制定基础难以凭借科学手段来确定，因为多数自然、人文和历史景观资源的价值是很难用经济价值准确衡量的。门票价格和产品价格是两个不同的概念，不能将两者混为一谈，因为当制定某个场所的产品价格时，人们已经将景区资源的价值进行量化了，但是，门票价格的制定是不能依靠量化评估的。

同理，门票价格也不是该场所生产的产品价值的货币体现。消费者购买的门票仅仅是"准入费用"，也就是说，游客购买门票后，只拥有享用风景名胜区基本旅游产品，即风景旅游资源的权利，而如果游客要消费景区内的非基本旅游产品，如住宿、餐饮、娱乐等项目则需要另外支付费用。

本质上说，门票价格与该场所的产品价值之间一般是不对应的。某个场所提供的产品价格一般要高于门票价格，因为该场所的产品价格能够完整地体现风景区的全部经济价值，而门票价格仅仅补偿了一部分经济价值。而且该场所的产品价值不仅仅表现为经济价值，经济价值仅是其所表现的全部价值的一部分，其全部价值更多地表现为其社会价值。因此门票价格是无法用来补偿该场所提供的全部产品的价值的，即使是全部经济价值也无法用门票价格来补偿。

综上可知，对景区来说，景区的门票价格和景区的产品价格是无法等价的，而且门票价格仅仅是景区产品经济价值的一部分。同时，门票价格是风景名胜区设置的"门槛高度"，它会将不付费的普通游客排除在外。

（二）门票经济概念

旅游门票是与旅游产业发展相伴而生的。旅游门票主要是指各类旅游景区（点）（如城市公园、名胜古迹、博物馆以及观光索道、文娱演艺项目等）向游客收取参观游览费用的票据。景区（点）门票价格的主要影响因素包括景区（点）的资源品质、景区（点）的区位以及地域性差异、景区（点）的综合服务质量等。20世纪90年代以后，随着我国旅游景区管理体制的改革，各大景区旅游门票不断涨价，门票问题引起越来越多人的关注，由此产生了门票经济的概念。

虽然近年来关于门票经济的概念逐渐被学术界、政府以及其他行业认同，但关于门票经济的定义，学者们从不同的角度有各自不同的观点。门票经济和旅游经济是一个相对的概念，旅游经济概念本身就包括了门票经济。但门票经济的概念源自门票疯狂涨价的事实，旅游经济的内涵在景区旅游经营的过程中被简单弱化成了旅游景区的门票收入。国内有部分学者认为，旅游门票经济简单地说，是指在一个特定的旅游市场内旅游经营管理者以收取景区门票作为其主导的营利和管理模式的一种旅游经济现象。[①] 笔者认为，门票经济主要是指以门票收入作为旅游景区主要营利和管理方式的一种旅游经济发展模式。

门票经济的出现，是我国旅游经济发展处于初级阶段的必然现象。在我国旅游经济发展的初期阶段，门票经济这种特殊

[①] 蔡家成：《门票经济：我国旅游发展模式的折射》，《中国旅游报》2008年5月19日。

的旅游发展模式，在一定程度上帮助旅游景区缓解了部分资金压力，保护了景区旅游资源，推动了我国旅游产业的发展。随着门票经济的发展，一些政府管理机构和景区旅游企业对单纯依靠门票收入促进景区发展的旅游经济模式产生了严重的依赖，导致旅游景区门票价格不断上涨，严重损害了游客和社区居民的切身利益。

单一的门票经济发展模式，是一个景区或者地区旅游经济发展处于初级阶段甚至是旅游产业发展不成熟的体现，它有碍于旅游经济的持续健康稳定发展。门票经济产生的不良影响，与旅游景区经营者盲目追求短期经济利益、旅游管理体制不健全等直接相关。门票的疯狂涨价，严重影响了旅游产业链条中的住宿、餐饮、娱乐、购物等环节的发展，既损害了旅游景区的长远发展利益，也对地方旅游经济的增长产生了不利影响。门票经济会对政府以及旅游企业产生错误的引导：只注重旅游景区的建设，忽略了地区旅游产业链条的延伸。总之，单一门票经济的发展，是以牺牲住宿、餐饮、娱乐、购物以及其他旅游产业发展要素为前提的，严重损害了游客和社区居民的切身利益，不利于地方旅游业的可持续发展。

（三）景区门票价格的概念

景区的门票价格是景区旅游产品价值的反映，是旅游者进入某一景区进行游览观光、休闲娱乐等所支付的费用，是暂时使用权的购买价格。门票所体现的景区旅游产品的价值，不仅包括景区旅游资源本身的价值，而且包括景点开发、景区管理、资源保护和各种有偿服务等的价值。因此门票价格主要由两部分构成。一是景区资源的价值，即无形资产。这一部分价值虽然无法精确计算，但一般可以依据"物以稀为贵"的原则进行估算，总的来说越是稀缺的旅游资源对游客的吸引力越大，其价值也就越大。二是景区投入的成本，即景区在建设、管理、保护等方面投入的人力、物力、财力。这一部分价值是客观的，并且是可以计算的，这也是构成景区门票价格的基础。

（四）景区门票价格的影响因素

1. 景区的性质

旅游景区性质的不同决定了其开发的目的不同。目前，我国旅游景区根据性质可以大体分为公益性的、准公益性的和私人性的。

公益性的旅游景区，如城市的公园和博物馆等场所，为全民所有，是公民休闲活动的场所，应逐步向国民免费开放；对于准公益性的旅游景区，如自然人文景观，这一类景区具有明显的公共属性，因此这类景区不应该只追求营利，而应以公益为主，兼有经营性，如北京故宫和长城、黄山、张家界等；对于私人投资重在收回成本获得利益的景区可以由市场来进行调节定价，如一些影视基地和一些主题乐园，这些景区是以营利为目的建设的，主要追求经济效益，因此其价格应该由市场调节。

2. 景区的资源价值

商品的价格要以价值为基础，旅游景区作为一种旅游产品也不例外。因此，旅游景区门票价格也应该根据价值等级实行分等定价，使资源得到优化配置。对于旅游资源价值的评价，一般采取定性评价和定量评价相结合的方法。定性评价是用分析对比的方法，通过文字描述旅游景区的价值，如九寨沟知名度大、观赏价值高、资源聚集程度高、环境容量大，拥有世界上非常罕见的水资源奇观。定量评价是按照给定的评价标准、分值、计分权数以计分的方法来计算各旅游景区的综合价值，如北京市率先将旅游景区的综合价值分解为历史文化价值、审美价值、科研价值、生态价值、舒适满意度价值、市场价值等要素，并分别给出分值和权数，然后按照这个统一的标准对各旅游景区计分并排出名次，据此划分其门票价格区间。

3. 市场供求

旅游景区作为一种旅游产品，同样必须受市场规律的约束。市场的供求关系同样对其价格有重要的影响。如湖南的张家界旅游景区门票价格上调为 245 元之后，游客的数量受门票价格的影响，增幅出现了大幅度减少。针对这一情况，张家界景区无奈之下只能推出一些优惠措施来吸引游客，如组团每 16 人便可免 1 人门票，若旅行社组织 500 人以上来此旅游便奖励旅行社 1 万元，暑假期间对学生实行优惠票价 165 元等。从这个例子可以看出，景区的门票价格也会受到市场供求的影响，并且市场供求关系在景区门票定价中起着非常关键的作用。国内很多景区正是因为考虑到了市场的供需关系才实行淡旺季定价策略。

目前，我国景区门票价格不断上涨的一个原因正是供不应求，由于旅游资源的稀缺性和有限性，再加上我国人口众多，旅游者人数也随着经济的增长出现了大幅度增加，从我国每年法定假期各旅游景区游客人数严重超载中可以看出我国游客人数的庞大。与庞大的游客群相比，我国的旅游资源显然不能满足这一需求，因此，出现了供需矛盾，这也是诱发景区门票涨价的一个原因。但是主要考虑供求关系而制定景区门票价格是不太符合旅游资源的福利性这一特性的。因此，在考虑景区门票定价时，供求只能作为其中一个参考因素，不能作为主要因素来考虑。因为，旅游景区主要考虑供求关系，只会使景区门票价格越来越高，而使旅游资源的福利性得不到体现。

4. 景区的成本投入

旅游景区门票的价格是由景区的经营成本加上应缴的税金和利润构成的，因此制定门票价格时除了要考虑旅游景区的资源价值和市场供求之外，还要计算其投入的成本。成本投入主要由以下几个部分组成。

第一，人力成本：景区员工的工资、福利、社会保障费等。

第二，管理成本：水电费、修缮维护费和其他费用。

第三，专项开发建设成本：景区正常建设维护费用。

第四，消耗成本。

5. 景区的服务质量

在探讨景区门票定价时，常常会忽略景区内的服务质量因素。而在我国经济向体验经济转变的今天，景区服务质量的好坏是考虑门票定价时不可忽视的一个因素。这里所说的服务质量包括到达景区的交通是否便利、景区内的引导标示是否完善、景区内的休息服务设施是否人性化、卫生清洁是否及时到位等方面。如果游客能在景区内享受到高质量的服务，那么即使门票价格高一点，游客也是可以接受的，不会产生不满。游客进入景区进行参观游览，不只是欣赏旅游资源，景区内的服务质量也会影响游客的整个旅游体验。如果游客在付出了较高的门票价格后却因为低质量的服务而影响其旅游心情进而影响其对整个旅游景区的评价，那么高昂的门票价格与游客的心理期望将会形成巨大的反差，这也会影响游客下一步的旅游动机。反之，如果游客在该景区享受到了优质的服务，那么游客对于较高的景区门票价格也会在心理上觉得物有所值。

6. 旅游者的经济承受力

门票的定价不仅受到景区的资源价值、市场供求、成本投入、景区的性质、景区的服务质量这些因素的影响，而且与国民收入水平有关。门票价格制定者应该在考虑居民的人均收入和居民的消费水平等相关因素的基础上，制定出游客在经济和心理上都能接受的价格范围。我国景区在制定门票价格时显然忽略了游客的经济承受力这一影响因素。国外景区的门票价格一般都比较低，一般不会超过人均月收入的1%，与国外相比，我国的景区门票价格远远超过了人均月收入的1%，我国的景区门票价格不仅与国外景区门票价格相比明显较高，而且与我国的居民收入相比也显得非常高。有些景区的门票价格远远超出了游客的经济承受力，成为阻碍游客出游的关键因素之一。因此，在制定景区门票价格时，应该充分考虑游客的经济承受力，把这一重要因素考虑进去，才能制定出较为合理的门票价格。

（五）旅游景区门票价格概念本质辨析

1. 旅游景区门票价格不是旅游景区产品价格

门票价格不是景区产品价格。价格是商品价值的货币体现，公共产品景区收取的门票只是一种管理工具；准公共产品景区收取的门票也只是"准入费用"；消费景区产品还需支付其他费用。景区产品价值，包括社会价值和经济价值。门票价格体现部分经济价值，以门票收入补偿全部产品价值或全部经济价值是不合理的。

2. 旅游景区门票价格是景区准入的"门槛高度"

有学者指出"门票价格是使用权购买价格"，即产品使用租金，包括资源使用租金、人工修建费用、管理费用及经营者利润。然而，旅游者通过支付门票获得的景区产品使用权不具有排他性，使用权也不完整。

从门票起源来看，门票是身份的象征。享用景区产品是古代统治阶层的特权，很多景区到近代才向大众开放。现代门票是景区准入制度。门票价格是景区准入的"门槛高度"。

三 景区门票的概念及类型

(一)景区门票的概念

旅游门票作为景区文化及城市文化信息的载体,以独特的方式在传播、交流等方面扮演着不可或缺的角色。自我国实行市场经济制度以来,旅游服务业的细化为旅游门票的发展提供了前所未有的契机。不同旅游景区具有各自的自然景观与人文风情,并且均具有独一无二的属性。

旅游门票作为进入旅游区域或建筑物内部的凭证纸条,是具有纪念、宣传、导航等功能的入门凭证,属于互信类别的有效凭证。具备相应的经济价值和宣传属性,能够满足参观人员的需求并体现了当地区域的某种价值。旅游门票种类繁多,包括体育类、文演类、游览类、展览类等。其中使用频率最高的是游览类门票,多重的功能及内涵外延使得旅游门票具有不可替代的作用与价值。

旅游景区门票价格通常是表示旅游景区对游客开放并收取游览参观费用的价格。旅游景区门票价格可从狭义和广义两个方面来进行描述,从狭义上说,旅游景区门票价格主要指旅游者为进入旅游景区进行观赏、游览或其他娱乐休闲活动等而向历史文化类旅游景区所支付的费用。从广义上说,旅游景区门票价格包括景区向旅游者收取的观赏和参观费用以及景区内为旅游者观赏参观配套服务的载人工具费用、导游讲解服务费等。1997年后我国许多省份陆续修订了各自的景区门票价格管理实施办法，开始实行景区门票一票制，目前我国的大多数历史文化类旅游景区实行广义的门票价格。旅游景区作为旅游业的重要组成部分，既是旅游事业的物质基础，又是人类劳动的结晶，合理制定景区门票价格，有利于旅游景区的保护与开发，更好地促进我国旅游业的发展。

（二）景区门票的分类

门票不仅是票据形式的入场许可证，而且是反映景区形象的一个载体，好的门票值得观赏和收藏。我国的门票种类大致按照质地、形式、属性、画面分为以下几类。

1. 按质地分类

门票的质地分类是指按门票的主要制作材料来区分门票的种类。根据门票的质地可分为下列几种。

（1）纸质门票

门票的制作材料是纸或绝大部分是纸，这种门票是最普及的门票，使用历史也最悠久。目前制作门票的纸张没有统一的标准，有薄如蝉翼的宣纸票，有厚薄适中的道林纸票，也有较厚的铜版纸票。

（2）塑料门票

塑料门票是用塑料材料经特殊工艺印制的门票。塑料门票在20世纪80年代曾风行一时，但此种门票遇到高温时，极易变形，失去原有的光彩，影响美观，而且在检票时也不像纸质门票那样能轻而易举地将副票撕下、剪角或打孔，因此现在此类门票使用较少。

（3）金属门票

这种质地的门票比较罕见，一般采用铜、铁、铅、铅锌合金等金属材料制作，多为早期发行，可回收使用。

（4）磁卡门票

门票中的新品种——磁卡门票兴起于 20 世纪 90 年代中后期，它是从银行信用卡、电话磁卡嫁接到门票制作上来的。目前的磁卡门票大都不具备储存面值、刷卡消费等功能。

2. 按形式分类

依据门票的制作形式，门票可分成下列几类。

（1）普通门票

这类门票是指形式和制作工艺单一的门票，这是目前最常见的品种。其中包括印制精美与不精美的各种纸票、塑料票。

（2）特殊门票

这类门票的形式和制作工艺比较特别，大致有下列几种。

其一，嵌币门票。精美的设计、独特的材质使其成为典型的特殊门票，因其功能不同，又分为纪念嵌币票和使用嵌币票。这种门票的制作成本高，因此门票的面值也不低，一般为大型风景名胜区的门票。

其二，麦秆门票。这种门票的图案是用麦秆拼贴而成的，其特点是工艺性比较强、工艺精巧细致且富有立体感。

其三，动植物标本票。这种门票的图案采用动植物的标本制作，一般是由与动植物有关的景点推出。

其四，组合门票。这类门票又称联票，它的设计非常巧妙，一定数量的门票连在一起便是一个完整的图案。

其五，光碟门票。多媒体电子门票如名片大小，实际上是一个容量为50M的小光盘，可储存5～10分钟的VCD画面或装入500幅图片或20万文字，可轻松实现VCD、DVD、CD-ROM播放，光盘外形可根据景区管理者的需求设计成不同图形，也可根据实际需要设置成不同场馆的多个副票。旅游景点的电子门票能向游客生动展现景区风光，再加上中英文景点解说，能够扩大景区的宣传范围。

其六，邮资门票。邮资门票是一种与明信片相结合的新型的门票形式。它以国家发行的邮资明信片为原型，加印带有专用条形码的门票副联。在邮资明信片的图案区印制景点的风景图案和宣传文字，不仅可以当作门票，而且可以邮寄，还具有收藏欣赏价值。非常适合作为旅游纪念品收藏。

3. 按属性分类

（1）旅游门票

按照我国目前的旅游门票发行情况，旅游门票大致可分为以下三类。

其一，普通门票。这种门票可以分为两种。一种是文字门票，这类门票一般只有文字，没有图案，大多数用白纸简易印刷而成。这类门票是某一个旅游点刚开始对外开放时所使用的简易票，或是更新门票一时衔接不上时使用的门票。另一种是图案门票，这类门票大多材质较好，印制精美。

其二，纪念票。这类门票多是为建馆或纪念具有特殊意义的事件而特别发行的旅游门票。这类门票的使用期限很短，发行量少，售完即不再重印，俗称绝版票。

其三，外宾票或贵宾票。这类门票又有两种：一种是与普通门票的图案、纸质一样，仅标价不同；另一种是重新设计、突出外文说明的门票。

（2）非旅游门票

非旅游门票指与旅游活动无关的门票。这类门票主要包括各种大型的体育比赛的门票、非旅游性质的展览门票等。

4. 按性质分类

（1）单张门票

单张门票有简易型的，也有华贵型的，既有纸质的，也有塑料的。一个景点使用一种单张票，其票面完整，自成一体。单张票现在绝大部分属于华贵型的，我国绝大部分公园使用这种门票。在收藏者收藏的门票中，单张票是主要收藏对象。

（2）联票

联票是在单张票的基础上发展起来的。这种门票借鉴邮票的设计方法，几张单张门票联成一体，组成一幅完整的画面。票与票之间以虚线分开，每一张又自成一体，形成独立画面。每张都有单独价格，购买时，既可购买联票，也可购买单张票。

（3）套票

套票是画面协调、自成一体、材料统一、规格一致、与景点相关的两枚以上的门票。这种套票又分为两种：一种指某个活动或景点比较完整的门票，如全国运动会从开幕式门票到每天观看竞赛活动的门票，再到闭幕式的门票，一套数张；另一种指多景点套票和一景点套票。多景点套票就是为同一地区的景点统一设计的几种门票，承德避暑山庄套票就属于这种类型；一景点套票，就是一个景点统一设计几种门票，交替使用，如无锡寄畅园、四川九寨沟的门票，都是以景区春、夏、秋、冬四季景象为主体而设计的门票。

（4）多用票

多用票就是一张门票可以游览多处景点。这种门票由于现在由各景点单独核算，已不适用，而且不便于游客游览。

5. 按画面分类

按门票画面可分为工艺品画面、素描画面、烫金装饰画面、书法画面、装饰画面、工笔重彩画面、国画画面、摄影画面、拓片画面、版画画面、套色工笔画面等多种类型。

四 旅游景区门票价格的发展现状

1. 我国旅游景区景点的门票价格发展的三个历程

（1）20世纪80年代前

20世纪80年代前，我国旅游景区景点长期被作为社会福利事业兴办，实行低门票政策。对外宾、华侨等游览公园、参观文物景点、观看戏剧的票价问题没有统一规定，有的地区实行内外两种价格，对外宾实行较高的门票价格，对国内居民实行较低的门票价格，外宾、华侨等对此反应强烈。1979年，国务院侨务办公室主任廖承志明确批示，不要搞两个价格，按照同质同人价、优质优价的原则办理。文物景点，如在讲解、参观服务等方面对外国游客的服务比国内观众优质，可以适当对外国游客提高收费。公园门票、一般文物景点的门票，都不应对国内观众、华侨、外国人实行两种价格。

（2）20世纪80年代~20世纪90年代前期

此阶段我国旅游景点景区门票价格发展的主要特征是进行了较大幅度的价格上调。这是加快景区景点的建设和发展、改善我国国际旅游形象的需要，同时也是针对20世纪80年代后期我国价格总指数（特别是服务业）大幅上涨而进行的相应调整。

在20世纪90年代前期，我国的游览参观点按价格管理体制，分为国家级特殊游览参观点和一般游览参观点。国家级特殊游览参观点主要指门票价格由中央管理、具有一定影响和规模、国际游客较多的少量景点。为了加强国家级特殊游览参观点设施建设，体现按质论价、优质优价的原则，国家物价局（1994年并入国家发展和改革委员会，成为"国家发改委价格司"，下同）在1989年提高部分国家级特殊游览参观点甲种门票价格后，又于1990年印发《关于调整1991年度特殊游览参观点和甲种门票价格的通知》，将6个特殊游览参观点——故宫、秦俑、莫高窟、云冈、龙门、麦积山的门票价格适当上调。同时将属于世界文化遗产、著名国家重点保护园林、风景名胜、文物古迹，有较高文物价值、景观价值和旅游价值的北京颐和园、天坛公园、八达岭、苏州拙政园、西安碑林、西藏布达拉宫、安徽黄山、山东泰山、云南路南石林9个景点确定为第二批国家级特殊参观游览点。重新明确，国家级特殊游览参观点甲种门票价格由国家物价局会同有关部门审定，一般游览参观点门票价格仍由地方管理。各地在全面考虑当地价格水平和广大人民群众承受能力的基础上，按照中央有关精神，先后调整了由地方管理的游览参观点的门票价格。

（3）20世纪90年代后期至今

在此阶段，我国完成了甲、乙两种门票价格的并轨。并将管理工作的重点由直接定价转移到对景区景点门票价格的监督检查上，坚决查处乱涨价、乱收费、变相涨价、不明码标价、强行售票、回扣售票等价格违法行为。

由于我国的游览参观点长期实行甲、乙两种门票，而两种门票价格有些相差达一倍，引起了游客的不满，港澳台同胞对此反应更为强烈，为此1996年12月国家计委（已更名为"国家发展和改革委员会"，下同）请示国务院同意，下发了《国家计委关于游览参观点甲乙两种门票价格实行并轨的通知》（以下简称《通知》），就游览参观点两种门票价格并轨工作做出了统一部署。《通知》要求各类游览参观点原则上要在1997年年底前，逐步完成两种门票价格并轨工作，并保持并轨前后门票价格水平的基本衔接。在安排并轨方案时，既要有利于游览参观点实现价值补偿，又要充分考虑社会各方面的承受能力。对于园林性的、商业性投资建设的以及含宣传教育、科普作用成分较多的景点门票，并轨后的价格水平要和并轨前的甲乙两种票价的平均水平持平或略有降低；对于少数重要文物景点的门票，并轨后的价格水平要与并轨前的甲乙两种票价的平均水平持平，确需提高的可略有提高。同时，为适应不同层次的消费需求，在坚持质价相符的前提下，可以实行普通门票、游览月票、联票等票制，普通门票价格应按从低原则设置，游览月票应按优惠原则安排，联票应根据对个别特殊景点实行保护性开放的需要设置，从严控制。

2. 我国旅游景区景点门票价格发展现状

（1）我国旅游景区景点的发展现状

严格地说，目前我国的旅游景区（点）还不是一个完全的市场领域，其中最重要的原因就是由资源的垄断性而形成的市场垄断性。按管理体制大致可以将我国的旅游景区景点分为三类：一是事业单位；二是事业单位企业化管理；三是一开始就按照现代企业制度构造，在市场上运行的企业。长期以来，我国习惯于按国家、省级和地市级三个层次来划分旅游景区，所有权分别属于国家、省（自治区、直辖市）和各地市，旅游景区的所有者也是经营者。以前旅游景区的开发经营由政府投资，旅游景区景点的门票价格也由政府制定。

近年来，随着市场经济的迅猛发展，在国家投入的开发资金难以满足市场需求的情况下，有些民营企业、港资企业和外资企业通过买断经营权、租赁经营、合作开发等方式逐步介入或准备介入旅游景区的经营市场。这也为旅游景区景点门票价格的制定、实施、管理等提供了新课题。

（2）我国旅游景区景点门票价格管理现状

目前我国旅游景区景点门票价格管理主要实行的是分级管理、分类作价。由商业性投资兴建的人造景区、主题公园，其门票价格管理一般放开，由市场决定。对非商业投资建设的公园、博物馆、文物古迹、自然风景区等旅游景区（点），门票价格按其关系社会文化生活和国际国内旅游的重要程度，实行分级管理。在国内外享有较高声誉的全国重点文物保护单位、大型博物馆、国家级风景名胜区和自然保护区等少数重要旅游景区（点），门票价格由国家发改委审批；其他游览参观点门票价格由地方物价部门管理。从定价原则来说，对保护性开放的重要文物古迹、大型博物馆、重要的风景名胜区和自然保护区，其门票价格按有利保护和适度开发的原则确定；与居民日常生活密切相关的城市公园等，其门票价格按照充分考虑居民承受能力、适当补偿成本费用的原则确定；各级地方价格部门管理的旅游景区（点）门票价格不应高于上一级价格部门管理确定的同类游览参观点门票价格。

总体来看，现行的门票价格管理体制还是分级管理、分类指导的体制，即依据各级价格管理权限确定管理范围，与现行的行政管理体制一致。旅游景区（点）质量等级管理体制，按照国家旅游局《旅游区（点）质量等级评定管理办法》规定，也是实行统一标准、统一指导、分级评定、分级管理原则。对旅游资源、接待规模、管理服务等质量水平高、在旅游市场中占有重要地位的一、二级旅游景区（点），由地方旅游局初评、推荐，国家旅游局评定；三、四级旅游景区（点）由地方管理员负责评定和管理。从质量水平与市场影响力看，质量等级是能够与门票价格等级相适应的。如果遵循质价相符的规则，原则上不会出现由上一级政府价格部门负责管理门票价格的旅游景区（点），其质量等级低于由下一级政府价格部门负责管理的同类型的旅游景区（点）的质量等级的现象，而且能够保证各级地方价格部门管理的旅游景区（点）门票价格不高于上一级价格部门管理的同类游览参观点门票价格的定价原则的实施。从管理层次看，质量等级能够与价格等级对接，当地旅游部门负责评定的旅游景区（点），其门票价格管理权限一般也在同级价格管理部门。

目前，各地园林票价定价方式主要有两种：投资经营性质的景点，自主定价；政府投入性质的景点，政府定价。

（3）我国旅游景区景点门票价格发展现状

我国旅游景区景点的门票价格在经历了最初的政府统一定价、市场无序竞争后，虽然目前仍存在很多问题，但总体上已逐步走上良性发展的轨道，出现了许多适应市场需求、满足消费者需要的新举措，有些地方实现了旅游者和经营者的双赢。我国许多地方的旅游景区景点的门票都已由过去的多年价格一贯制，改为面向淡、旺季实行不同价格的经营策略，门票价格实现了调节客流量的作用，取得了较好成效。另外，一些景区景点还推出各种针对老年人、学生、教师、残疾人等特殊消费群体的优惠政策，如故宫博物院对学生团体实行每周二免费入园等。我国各个旅游景区景点的门票价格现在已是多种多样，机动灵活。从总体来看，门票价格呈现两种发展势头：一种是高价走势，如井冈山风景区票价为 100 元，景区内各景点还另外售票；另一种是低价甚至免费开放，如长沙市将 10 个景点免费开放，长春市将所有园林景点免费开放，沈阳市一共有 19 个园林景点，免费开放了 17 个。

同时可以分析总结出我国景区门票价格现状及出现的问题。第一，景区门票价格相对较高。相对于发达国家，我国景区门票价格占人均收入水平比重过高。

第二，出现景区门票价格上涨和免费开放两种极端发展态势。杭州环西湖公园在 2005 年国庆节开始免票，带来了旅游业的快速发展，2005 年收取门票时，杭州旅游总收入为 465 亿元，免票后的 2015 年，杭州旅游总收入超过 1886 亿元。河南 2005 年 11 月 26～27 日在全国率先举办省级文化遗产活动，全市 70 处景点免费开放，在首届文化遗产日中，"争享免费文化盛宴"的游客高达 460 万人次。这次"免费游"为河南交通、餐饮、住宿等行业带来了可观的经济效益。2008 年 3 月，陕西省的众多博物馆、革命纪念馆开始对外免费开放。门票的定价如果高于社会中低等收入者的承受能力，则会形成一种进入门槛，即景区以高门票价格将中低收入者拦在景区之外，这使其成为高收入者的专有景区，这种情况是与社会福利相违的。一般在发达的或者经济较好的国家或地区，其景区多实行免票或低票制。如美国华盛顿的国家航空航天博物馆、国家艺术馆、自然博物馆等实行全年免费开放政策，美国规定所有国家公园的门票价格不得超过 20 美元，这些价格大致为欧美国家人民月收入的 1/150。

第三，门票价格管理机制多元化。我国目前旅游景区门票价格管理实行的主要是分类作价、分级管理。对非商业投资建设的博物馆、公园、自然风景区、文物古迹等旅游区景（点），门票价格按其关系社会文化生活和国际国内旅游的重要程度，实行分级管理。由商业性投资兴建的景区，其价格一般由市场决定。在国内外享有较高声誉的全国重点文物保护单位、国家级风景名胜区、大型博物馆和自然保护区等少数重要旅游区，门票价格由国家发改委审批。而其他景区门票价格则由地方管理。

五 旅游景区门票价格研究的重要性

（一）研究旅游景区门票价格的原因

1. 持续走高的门票价格的现实

改革开放以来，我国的生产力水平不断提高，交通更加便利，区域经济得到了长足的发展，人民群众生活得到大幅度改善。与此同时，我国的旅游业也进入了发展的黄金时期，许多地方政府将旅游业作为地方的支柱产业来发展，出现了许多旅游强省、旅游强市。1988年世界旅游组织就大胆预测，到2020年旅游业将成为世界上的第一大产业。因此，在一些旅游资源相对丰富的地区，地方政府如果能抓住机遇，避开旅游经济开发中的短视效应和过度依赖门票经济的弊病，延长旅游产业链，科学地分析景区门票价格的规律，有效地运用政府的价格调控机制，出台相关的政策法规来规范旅游市场，就能够实现本地区经济大发展、文化大繁荣，实现不以牺牲环境为代价的经济发展，实现人与自然的和谐相处。

在实践层面，旅游景区门票价格上涨过快和景区门票价格虚高的现象已经引起了社会各界的强烈关注，"逢三必涨""三年必涨"也被广大人民群众所诟病。可见，我国当前的旅游门票价格制度已经严重影响到了我国旅游业的健康长远发展，影响到了人民群众的旅游热情。在持续走高的门票价格下，旅游景区准公共产品的属性已经消失殆尽，严重损害了我国公民旅游的基本权利。这种现象背后的深层次原因是旅游景区调控制度的问题，特别是地方政府对旅游景区门票价格调控制度的缺位。研究我国旅游景区门票价格的政府规制问题，可以为我国当前景区门票价格过高提供政策建议和制度设计，构建一种公正、公开、透明的价格调控制度，提高我国旅游资源的配置效率，保证我国旅游业的可持续健康发展，保证我国每一位普通公民的旅游权利，进而使旅游景区的公益属性得到充分发挥。在理论层面，对政府规制问题的研究主要集中在具有代表性的行业，如电信产业、电力产业、自来水产业、铁路产业和金融产业等。但是鲜见关于我国旅游景区门票价格政府规制的系统研究。随着改革开放的不断深入，我国人民群众的生活水平得到长足的改善和提高。在这种背景下，旅游日益成为人们日常生活的必需品，人们会像关注柴米油盐的价格那样关注旅游景区门票的价格，旅游景区门票价格定价过高势必影响人们的旅游出行。但是目前关于旅游景区门票价格政府规制的研究还不充分，关于门票价格规制机制的研究也较少。笔者以政府规制理论为基础，对当前我国门票价格政府调控制度进行了一些探讨和研究，针对旅游景区如何在政府规制的情况下制定合理的门票价格进行了一些理论探索，希望为我国政府在旅游景区门票价格调控制度的制定上提供思路上的借鉴，希望能够在一定程度上丰富我国当前的政府规制理论研究。

2. 旅游景区景点在我国旅游业中的地位和作用

旅游景区景点在我国旅游业的发展中具有非常重要的地位和作用，既是旅游业重要的生产力要素，是旅游创汇创收的重要来源，也是旅游者参观游览的目的地，是旅游吸引力的根本所在。旅游景区景点的资源品位、服务质量、环境气氛、管理水平等，既是中国旅游业形象的总体体现，也是旅游者是否满意地实现旅游目的的关键因素。因此，要使我国旅游业健康快速发展，就要重视旅游景区景点的建设和管理。

目前，在我国旅游景区景点的建设和管理中，门票价格一直是较为敏感的问题。在我国居民目前的收入水平下，旅游价格是影响居民出游选择的一个极为重要的因素，旅游景区景点的门票价格作为旅游总体价格的一个重要组成部分，也在相当程度上左右着居民的出游选择。旅游景区景点的门票价格是否合理，在影响居民出游选择和满意程度的同时，也牵动着经营者的经济利益，决定着他们最终的盈利空间。另外，门票价格还是调节旅游季节差、限制游客流量的手段。所以旅游景区景点的门票价格问题是非常值得旅游研究工作者关注的问题。

3. 景区门票定价的目标考虑

通过对我国旅游景区门票定价现状进行分析，概括出景区门票定价的三种目标，即利润最优、生态承载最优和社会福利最优。运用数理经济学对三种目标定价建模研究并得出不同目标下的最优定价方法。即当景区以门票利润最优目标定价时，其门票价格高于产业利润最优目标制定的门票价格，其景区总利润低于产业利润最优目标的景区总利润；当景区以生态承载力定价时，如果景区产业利润最优目标定价的游客数量超过了景区生态承载能力，则需要第三方予以补偿，否则景区从利己出发不会主动控制游客人数；基于社会福利定价时，如果价格变化一个单位使得游客效用变动超过一个单位，那就应该使用基于社会福利的定价方式，但免费并不是最好的选择。结合杭州西湖景区案例将单目标结合起来，对景区多目标门票定价机制进行动态综合研究。研究发现三种目标是动态结合的过程，并且定价方式的选择与景区内外部环境的变化关系紧密。

（二）旅游景区门票价格研究的重要性

1. 理论重要性

自 1908 年美国维尼亚山国家公园开始收取"机动车准入费"以来，关于旅游景区的定价问题就开始进入研究者的视野。国内关于商品定价问题的研究，则始于改革开放实行市场经济制度。关于旅游景区的门票定价问题，早期学者主要从价格形成、公共物品、制定原则等理论方面进行研究，只涉及对定价问题的一些看法和态度；近几年来，研究者开始从影响景区门票定价的因素角度进行分析，并通过问卷实证的方法得出相关影响因素。通过对影响因素的研究，研究者采用统计学、数理经济学和计量经济学等方法，建立了旅游景区门票定价的模型。

2. 实际重要性

公司化和逐利化成为旅游景区在市场经济中的理性选择，旅游经济的发展逐渐改变着景区在旅游产业中的地位和作用，传统的景区定价理论难以适用于当今旅游景区的多元化发展。无论是在学界还是在产业界，对于不同的景区、不同的经营目标、不同的区域环境，景区这种特殊商品都难以找到统一的定价方法。当门票经济逐渐被产业链经济替代、国民收入逐年上升、社会福利逐年提高时，旅游景区门票定价问题也逐渐变得复杂起来。本书从旅游产业和国民经济的系统视角出发，建立旅游景区门票价格的系统动力学模型，希望可以为旅游景区门票定价提供一个全面、科学、系统的思考方式，并最终模拟出旅游景区的门票价格，为我国旅游景区门票定价及景区发展提供合理性建议。

3. 旅游景区本身的重要性

旅游景区作为一种特殊商品，具有以下几个特点。第一，旅游景区凭借其自身资源满足游览者的需求，同时也会对游览者产生一定的潜移默化的教育作用，对社会产生正的外部性。如自然景区会使游览者增加保护环境的认识，文化历史景区会丰富游览者的知识并提高其民族认同感，特殊专业景区会在旅游者中普及科技和专业知识。

第二，旅游景区具有一定的地域性和垄断性。一方面景区因其自然形态或人文形态的差异具有唯一性；另一方面地理上的不可转移性，使得对景区的消费与客源地到景区的距离呈负相关关系。如华山与泰山同为五岳，但其各自的特点使得旅游者产生不同的感觉，陕西人对华山的消费量就比山东人对泰山的消费量大。

第三，旅游景区在一定程度上属于准公共物品，具有资源的共享性。如自然景区的山川河流为国家所有，理应由所有民众共享，历史文化景区保存着人类的共同历史，其文化特色也应被一代代人瞻仰传承，而不应设置过高的门槛。

第四，旅游作为一种消费需求，是随着生活水平的提高而增加的，相对于满足基本需求的衣食住行，旅游是一种非必需消费品。

第五，旅游景区管理具有较多的参与方。我国旅游景区分别隶属于建设、林业、环保、文化、宗教、海洋、地质、旅游等部门，同时又分别从属于国家、省、市、县等各级政府，存在众多管理规制方的现状，导致旅游景区经营目标不一致，效率低下。

门票价格的意义在于以下几方面。其一，获取门票收入。获取门票收入，用于景区的运营成本和维护费用，或者追求更高的利润收入。其二，控制旅游人数，保护旅游资源。旅游资源都存在承载力的问题，一定时间内超过一定人数会损坏旅游资源的可持续性。依据价格弹性，正常商品价格越高则消费人数越少，通过价格机制调节旅游人数以保护资源主要体现在淡旺季的不同门票价格上。其三，价格作为价值的体现。基于价值的价格是合理的价格，在信息不对称的情况下，高价格传递给消费者高质量产品的信号，同时景区自身价值的高低也应在价格上得以补偿。其四，拓宽和延伸景区产业价值链。

第二章　旅游景区门票价格的基础理论研究

一　旅游景区的研究

（一）旅游景区概念的研究综述

1. 国外学者的旅游景区概念

目前，关于旅游景区的定义和概念类型一般可以分为以下几种。

（1）将旅游景区等同于旅游目的地

英国旅游局就认为旅游景区是一个长期存在的旅游目的地，它存在的目的就是满足游客某种需求。单一旅游目的地上可能有多个旅游景区，形成了旅游目的地的吸引力。[1]

（2）将旅游景区视为具有某种功能的地域

旅游景区的功能可以是供游客消遣、娱乐、受教育或是能够满足游客各方面的需求。

---

[1] J. C. 霍洛韦：《论旅游业：二十一世纪旅游教程》，孔祥义等译，中国大百科全书出版社，2011。

(3) 从旅游景区的构成角度

克里斯·库珀指出，旅游景区由自然馈赠（包括景观、气象、植物、动物）和人工建造（历史、文化、人造设施等）两部分组成。[①]

(4) 从对旅游者出游动机的作用角度

例如，柴乐斯·戈尔德就认为景区在激励人们旅游方面发挥了重要作用，旅游景区是旅游者出游的主要理由。[②] 可见，此种角度主要是基于旅游景区的旅游吸引力。

(5) 从旅游景区的形成原因角度

美国学者冈恩就认为旅游景区是一些独具特色的地方，这些地方的形成原因既可以是自然力作用的结果，也可以是人类活动的结果。[③] 该学者的定义很宽泛，关于景区特色的衡量标准不确定，按照这个定义，在现实中我们很难说哪里是旅游景区，哪里又不是旅游景区。

(6) 从经营管理的角度

不少学者就认为旅游景区是一个独立的单位，一个专门的场所，一个能够界定、能够经营的实体，一个为吸引游客进行相应的管理的场所。

[①] 克里斯·库珀等：《旅游学：原理与实践》，张俐俐等译，东北财经大学出版社，2010。

[②] 刘德鹏、张晓萍：《关于旅游景区概念的再思考》，《江西青年职业学院学报》2012 年第 12 期。

[③] 冈恩：《旅游景区规划》，中国大百科全书出版社，2001。

2. 国内学者的旅游景区概念

国内学者在翻译国外的"Tourism Attraction"一词时，有的翻译成旅游景点，有的翻译为旅游景区，出现此种情况的原因一般有两种：一种是有的学者将旅游景区与旅游景点视为同一事物；另一种是有的学者没有把握全文的观点而误译。部分学者在翻译论文标题、摘要时，又将"旅游景区"翻译成其他的词，例如，有学者将"旅游景区"译为"Tourism Scenic Area"（将其译为"旅游风景名胜区"更合适），例如，岑长庆①将其论文标题译为"Cultural Marketing Management in Tourism Scenic Area Development：A Case Study of Longevity Industry in Bama"。实际上，不论是将英语论文译为中文为学习交流参考之用，还是将中文译为英语为对外交流之用，科学严谨的翻译都对学科的发展、学术交流起至关重要的作用。学者在对旅游景区进行定义时，概念范围略显宽泛，不只是强调旅游景区的某一特征，但从定义的主要倾向上，仍然能够总结出其概念界定的主要视角，概括起来，主要有以下几种。

（1）从旅游者需求或旅游产品的供给角度

《风景名胜区条例》完全从需求的角度对景区进行了定义，景区是根据景源类型、景观特征或游赏需求而划分的一定用地范围。② 从旅游供给的角度，旅游景区以吸引游客为目

---

① 岑长庆：《旅游景区开发中的文化营销管理探讨——以巴马长寿产业为例》，《现代商贸工业》2010 年第 11 期。

② 张宇：《风景名胜区条例》，《中华人民共和国国务院公报》2006 年第 32 期。

的，为游客提供一种消磨时间或度假的方式，开发游客需求，为满足游客需求进行管理，并提供相应的设施和服务。[①] 吴忠军将供给和需求两个角度结合，认为旅游景区是指具有吸引游客前往游览的吸引物和明确划定的区域范围，能满足游客参观、游览、度假、娱乐、求知等旅游需求，并能提供必要的各种附属设施和服务的旅游经营场所。[②]

（2）从旅游景区的区域性角度

此种视角主要强调旅游景区在地域上的构成、活动和管理等方面的特性。例如，邹统钎[③]将旅游景区定义为具有吸引物、具有管理机构、经营旅游休闲活动、具有明确范围的区域。刘正芳、刘思正[④]认为旅游景区是由若干共性特征的旅游资源与旅游设施及其他相关条件有机组成的地域综合体。

（3）从旅游景区的空间性角度

此种视角主要强调旅游景区在空间上的特点。例如，王衍用认为旅游景区就是一个空间环境，这个空间环境具有自然或人文景观，且人们在其中进行旅游活动。[⑤]

（4）从旅游景区的功能性角度

此种角度强调景观的价值能够给游客带来的体验，例如，

[①] 张凌云：《旅游景区概论》，北京师范大学出版社，2010。

[②] 吴忠军主编《旅游景区规划与开发》，高等教育出版社，2008。

[③] 邹统钎：《中国旅游景区管理模式研究》，南开大学出版社，2006。

[④] 刘正芳、刘思正编著《旅游概论》，重庆大学出版社，2006。

[⑤] 张宁：《国内旅游景区的"门票生态"》，《中国经济时报》2012年11月12日。

赵黎明、冷晓明等[1]强调的休闲、娱乐、观光、度假等功能，王德刚[2]强调的参观游览、娱乐休闲、康体健身、科学考察、文化教育等活动。

(5) 多种角度的糅合

有的学者将旅游景区定义为特定功能的空间或区域。例如，李肇荣、曹华盛[3]认为旅游景区是一种空间或地域，在这一空间或地域中，旅游及其相关活动是其主要功能。有的学者将景物构成和功能、地域特性相结合。例如，马勇[4]将旅游景区定义为由一系列相对独立的景点组成的，从事商业性经营、满足旅游者多层次的精神需求的，具有明确的地域边界的小尺度空间旅游地。但这个小尺度究竟有多小，该如何衡量，笔者不禁有些困惑。

综上所述，中外学者对旅游景区的定义既有明显的相似之处，也有不同之处。从中外学者对其概念界定的横向比较来看，旅游景区的功能、旅游景区的界限、旅游景区的地域性是部分学者对其定义的共同点。从整体上看，国内学者对景区的定义呈现出交叉且相异的规律，每个学者侧重点不一，只强调了旅游景区的某一个或某几个特征。同时，学者在界定旅游景区的概念时，或多或少地会牵扯到旅游目的

---

[1] 赵黎明、冷晓明等：《城市创新系统》，天津大学出版社，2002。
[2] 王德刚：《门票涨价不能只打景区板子》，《中国旅游报》2012年4月25日。
[3] 李肇荣、曹华盛主编《旅游学概论》，清华大学出版社，2006。
[4] 马勇：《旅游学概论》，旅游教育出版社，2004。

地、旅游地、旅游景点、风景名胜区等术语，至于这些相关概念之间的异同关系，在进行旅游景区基础性研究时，有必要对其加以区分。

(二) 旅游景区相关概念扩展分析

旅游景区是有效开展旅游活动的依托，在旅游业普遍发展的今天，旅游景区的身影不再神秘，理论概念是现实状况的描述与说明。因此，有必要结合各地区的景区现状以及现有的代表性的定义，对旅游景区的相关概念进行解读。

1. 旅游景区的建设与管理的目的是什么？

旅游景区是以吸引游客为目的建设的场所，还是因为景物吸引了游客而被设立的场所？旅游景区的管理是否只是为了游客？

以昆明翠湖公园为例，南眺碧鸡、北瞰蛇山，水光潋滟，垂柳摇曳，"十亩荷花鱼世界，半城杨柳佛楼台"，是对昆明翠湖公园景区的真实写照，但是这个吸引众多游客的景区最初并不是为了吸引游客而建设的。元朝以前，这里还属于城外的小湖湾，直至民国初年，改辟为园，园内种植柳树，湖内种植茶花，才有了翠湖这个美名。之后建湖心亭、修长堤、建石桥、设八角亭，每天吸引无数的中外游客。翠湖公园于1958年起收取门票，2002年9月25日向市民免费开放。目前，翠湖公园的经济来源主要有游船租赁收入、商铺租赁收入以及政府每年财政补助拨款。自取消门票后，这里仍然是外来游客的必游之地，同时也成为当地市民户外消遣的重要场所。[1]

由此可见，不论是从供给角度吸引游客还是从需求角度满足游客都是不全面、不科学的，笔者认为把旅游景区定义为具有旅游吸引力或是旅游价值的场所更为客观。

2. 旅游景区与旅游景点之间的关系

国内学者将国外"Visitors Attraction"这一词翻译为旅游景区或旅游景点，多数学者将旅游景区和旅游景点视为一个概念的不同说法，在著述中并未做详细区分。有的学者对其进行了详细说明，李冠瑶、刘海鸿认为空间范围大的旅游景点是旅游景区。[2] 从字面上看，景区和景点完全是一个面和点的关系，不能随便将其混为一谈，旅游景点应该是构成旅游景区的单位，旅游景区是由单个旅游景点或多个旅游景点构成的地域，例如，杭州西湖旅游景区就包含了三潭印月、苏堤春晓、花港观鱼等名胜景点。

3. 旅游景区与旅游地之间的联系

在旅游地理学、土地规划的相关书籍中，旅游地的提法最常见，关于旅游地（Tourism Area 或 Sightseeing Place）的概念，多数学者有以下共同认识。一是它的空间性或地域性，以旅游及其相关活动为主要功能，与旅游景区存在必然的联系。二是它有两层基本含义：第一层，旅游者游览、观

---

[1] 刘德鹏、张晓萍：《后现代旅游背景下古镇旅游的真实性创造——以云南省楚雄州彝人古镇为例》，《云南地理环境研究》2009年第6期。

[2] 李冠瑶、刘海鸿主编《旅游学教程》，北京大学出版社，2005。

光、访问的目的地即旅游活动与旅游资源的所在地，这里的意思也就是旅游目的地或旅游目的地上的旅游景区；① 第二层，指土地利用方式，如同农业用地、林业用地、牧业用地，旅游地是一种游憩用地，它是政府部门规划的供人们进行旅游活动的地域或环境空间。② 如果将旅游地的景观结构进行划分，则可以分为旅游地（区）—景区—景点。③ 由此可见，旅游地是一个地域范围更为宽广的概念，在其空间范围内，有各种供游客旅游的景区类型。

4. 旅游景区与旅游目的地之间的联系

旅游目的地是一个从旅游者角度而言的，与旅游客源地相对应的名词，含义很宽泛，它可以指某个具有特定功能的旅游胜地，如西湖，也可以指某个可以进行旅游活动的城市，如西湖所在的杭州市，甚至可以泛指整个国家。由此可见，旅游景区的地理区位在旅游目的地的范围内。

5. 旅游景区与风景名胜区之间的区别

风景名胜区的概念多见于环境资源、城市规划、园林建设、旅游地理等书籍。纵观众家观点，风景名胜区就是那些资源价值大，环境优美，能够供人游览、观赏、休息和进行科学文化活动的区域。④ 由此可见，那些资源价值大的旅游景区可

---

① 王万茂主编《土地利用规划学》，中国大地出版社，2008。
② 高峻主编《旅游资源规划与开发》，清华大学出版社，2007。
③ 陶犁主编《旅游地理学》，科学出版社，2007。
④ 张帆主编《旅游景区管理》，中国科学技术出版社，2009。

以被称为风景名胜区，例如，杭州西湖是一个 5A 级的旅游景区，也是一个国家重点风景名胜区（在 1982 年评定）。同时，基于风景名胜区招揽游客与接待游客的现状，风景名胜区是旅游景区的一部分。

上文已对易混淆概念加以分析，为了更好地理解旅游景区的概念及其外延，对各概念的外延加以图示（见图 2-1），旅游目的地的概念很宽泛，所指区域范围有大有小，按涵盖的范围大小排序，分别为旅游地、旅游景区、风景名胜区、旅游景点。

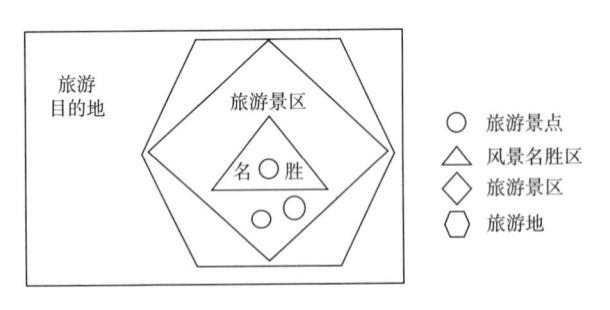

图 2-1 相关概念外延

（三）旅游景区概念的再认识

1. 旅游景区的定义

旅游景区是对旅游者具有吸引力的、能够满足旅游者旅游体验的、有明确地域范围的空间综合体，是一个包含了自然和人文旅游资源及各种有形或无形服务的地域综合体。

2. 旅游景区的内涵特征

首先，具有旅游吸引力。任何一项旅游活动的进行都是建立在某种项目所具有的吸引力基础上的，景区中核心景物的吸引力是引发游客需求、激发旅游动机与促成游客进入景区的核心动力。这里的核心景物可以是一项人造设施，也可以是一处自然风光、一座人文建筑，也可以是一个人、一个故事或是一组这样的核心景物的组合。

其次，具有旅游服务功能。旅游者在景区内的旅游大致是徒步、划船、乘坐景区内观光车进行观光游览、品尝风味小吃、体验节事文化、感受异样风情，景区内必然需要建立起各种辅助游客完成旅游活动的硬性设施设备和软环境，如交通工具、休息设施、解说系统、优良的卫生和安全环境。设施设备齐全与否、环境的优劣和服务水平的高低直接影响旅游者旅游体验的好坏。

最后，具有有限的地域空间范围。从旅游景区的经营管理角度而言，旅游景区具有一定的规模和范围，这种范围的界限可以是一个自然实体，如山、江河等，也可以是一个人工的隔离物。[1] 从游客观光、欣赏的角度而言，旅游景区在明确的地理分界以外，还有一个缓冲地带，这个缓冲地带可以让游客在此感受景区的某种文化，甚至可以让游客在某个站位看到景区内的部分景物。例如，昆明的翠湖公园景区，游客完全能够在白石围城的景区周边看到红嘴鸥在湖水之上嬉戏。

---

[1] 赫玉玮：《关于旅游景区经营权转让若干问题的再思考》，《旅游纵览》（下半月）2013年第9期。

二 关于旅游景区门票价格的研究

(一) 旅游景区门票价格的概念

旅游景区门票价格是指所有景区包括公园、博物馆、文物古迹、休闲娱乐胜地、历史名人纪念地、自然风景区以及景区附属观光索道、电梯、环保车和临时展出或观赏项目等对游客开放并收取游览参观费用的价格。[①]

从狭义上讲，它是指游客为获得景区的观赏许可，向景区经营单位付出的门槛费用。[②] 这里讲的景区通常包括自然景区的山、水、森林公园、岛屿、海景、动物群、植物群等，文化景区的遗址、建筑、纪念馆、博物馆、展览馆、少数民族聚居地等。1997年之前，大多数省份各级价格主管部门管理的门票价格主要是狭义的门票价格。

从广义上讲，景区门票价格包括自然景区、文化景区、大型活动节日、民俗活动、宗教活动、体育活动、商品交易会、休闲、攀岩、潜水、游泳、打球、骑车、雪上运动、娱乐主题公园、综合乐园、演艺活动、运动中心、赌场等向游客收取的观赏和参与费用，包括园中园费用和景区内为观赏景观配套服务的载人工具，如观光索道、电车、电梯、汽车、游船、飞行

[①] 张帆主编《旅游景区管理》，中国科学技术出版社，2009。

[②] 黄玉明、玉雷亭主编《旅游学概论》，上海交通大学出版社，2000。

器费用,以及导游讲解服务费等。① 1997 年,国家部署门票"一票制",改革以来,通过修订《景区门票价格管理实施办法》,将价格管理覆盖的范围逐步向广义的门票价格延伸。

旅游景区是旅游业的重要组成部分,园林、风景名胜、文物古迹、博物馆等既是旅游事业的物质基础,又是人类劳动的结晶,其价值具有一般商品的属性,景区的门票价格应该是价值的具体反映,应遵循等价交换的价值规律。只有合理制定景区门票价格,才能有利于园林的保护和开发,适应发展旅游事业的需要。

(二) 旅游景区门票价格的分类

区分景区门票价格类型的意义在于根据其不同类型对景区门票进行分类管理和区别定价。②

1. 根据景区的资源类型

景区可以划分为自然景区、文化景区、大型活动。自然景区包括山水园林、动物园、植物园、风景名胜区、自然保护区,其中对风景区、森林公园、自然保护区,根据其资源的独特性及其珍贵程度划分了国家级、省级、市级,特别珍贵的资源被联合国教科文组织列入了世界自然遗产名录。文化景区包括遗址、建筑、纪念馆、博物馆、少数民族聚居地

---

① 黄玉明、玉雷亭主编《旅游学概论》,上海交通大学出版社,2000。
② 田勇:《中国旅游景区价格管理初探》,《价格月刊》2003 年第 1 期。

等，其中对重要文物，还划分了全国、省级、市级文物保护单位，特别珍贵的文物还被列入了世界文化遗产名录。大型活动主要是指节日、民俗活动、宗教活动、体育活动、商品交易会等。

2. 根据游客消费目的

景区可分为观光型、文化教育型、休闲健身型（攀岩、潜水、游泳、打球、骑车、雪上运动等）、娱乐享受型（参与主题公园、综合乐园、演艺活动、运动中心、赌场等）。对于文化教育型、休闲健身型的景区，其门票价格要尽可能体现公益性而从低制定，并辅之以政府财政拨款和社会募捐。对于娱乐享受型的景区，其门票价格则可以相对从高制定。

3. 根据景区的服务质量

2003 年 5 月，国家质量监督检验检疫总局发布了《旅游区（点）质量等级的划分与评定》，依据知名度、观赏价值、历史文化价值、科学价值、环境质量、交通条件、景区聚集程度、景区接待容量、季节性的强弱等，将景区划分为一级、二级、三级、四级四个等级。一般来说，同类景区，等级越高其门票价格越高。[1]

4. 根据景区的经营方式及其市场化程度

景区可分为商业投资经营和政府投资经营两类。商业投资兴建实行商业化经营的，目前大多被限定在休闲娱乐特别是主题公

---

[1] 刘辛田：《制定旅游景区门票价格的探讨》，《价格与市场》2005 年第 6 期。

园等项目,具有投资大、生命周期短、市场竞争性较强的特点,其门票价格往往从高制定并呈现较大幅度的波动。政府投资经营的,经营主体一般属政府事业单位,其经营管理的资源绝大多数是具有高度垄断性的和必须进行严格保护的,但相比外地同类景区具有一定的竞争性,其门票价格近年来频繁走高,呈现轮番上涨的态势。

上述各类旅游景区门票的收费形式有三种:不收费、一次性收费和多次收费。旅游景区门票价格的制定,应以价值为基础考虑供求状况、政策要求和群众经济承受能力等诸多因素,坚持按质分等论价的原则。在门票价格制定上,从我国国情出发,实行两种门票,对一般性的旅游景区,门票收费标准应该对国内外游客一视同仁。对知名度、观赏价值高的景区以及特殊景区,可实行国内外有别的政策。一次性收费要适度合理,不能影响旅游景区本身的利益,同时要能被游客接受。多次收费方式的本质是"票中票"门票,实行"票中票"多次收费方式,可使景区在某一区域形成特定环境,满足不同层次消费者的不同需要。对"票中票"门票应从严掌握,可以同时采用一种票价多种折扣优惠的形式。

(三)旅游景区门票价格的变迁历程

20世纪80年代前,旅游景区被作为社会福利事业兴办,实行低门票政策。对国内游客、外宾和华侨、港、澳、台同胞(业界俗称"四种人")实行价格双轨制,内宾门票价格低于

"四种人"门票价格。①

20世纪80年代中期~90年代中期,景区分为国家级特殊景区和一般景区。国家级特殊景区甲种门票的价格由国家物价局会同有关部门审定,一般景区门票价格由地方管理。国家级特殊景区主要指具有一定影响和规模、国际游客较多的少量景区,是一些当时或者后来被列入世界遗产名录的风景区。一般游览参观景区是指国家级特殊游览景区以外的景区。

20世纪90年代中后期,根据《国家计委关于游览参观点甲乙两种门票价格并轨的通知》,取消景区门票价格的内外宾差异。国家计委管理的国家级景区先行并轨,商业性投资建设以及宣传教育、科普作用成分较多的景区门票,并轨后的价格水平和并轨前的甲乙两种票价平均水平持平或稍有降低,少数重要的文物景区,并轨后的价格水平和并轨前的甲乙两种票价平均水平持平或者稍有提高。② 同时,考虑不同层次的消费需求,允许普通门票、游览门票、联票等票制形式存在。

20世纪90年代末~21世纪初期,针对景区门票并轨后出现的价格秩序混乱问题,国家计委颁发《游览参观点门票价格管理办法》,明确了景区门票价格区别情况分别实行政府定价和政府指导定价。旅游景区应该实行一票制,联票价格应当

---

① 依绍华:《对景区门票涨价热的冷思考》,《价格理论与实践》2005年第1期。
② 李春燕、冯万荣:《景区门票涨价对旅行社经营的影响冲突及其可持续发展对策》,《商场现代化》2008年第3期。

低于各种门票价格相加的总和。

（四）旅游景区门票价格的实质

旅游活动是接受服务和消费服务的过程，旅游景区门票价格是游客观赏景区和接受相关服务所付出的相应费用。[①] 因而门票价格属于服务价格范畴。景区门票价格又是垄断竞争价格。由于世界上没有完全相同的两个景区，另外，景区和景区之间有地域和空间阻隔，不同的资源分布在不同的地域，从而使相当一部分的景区在供给上处于很强的自然垄断和区域垄断状态。但是，在一定程度上，对于旅游者而言，有的景区又具有可替代性，所以景区又可以看作是垄断竞争性的商品，从这个意义上来说，旅游景区的门票价格，既是垄断性较强的价格，又是存在一定程度竞争性的价格，也就是说，门票价格既不可能完全由垄断形成，又不可能完全由竞争形成。

1. 门票的价格与景区产品价值之间是不对应的

很多国内学者在门票价格的理论研究中混淆了门票价格和产品价格这两个概念，把景区产品价格的定价基础作为景区门票价格的定价基础，从理论上陷入了景区资源价值量化评估的困境。比较普遍的一个观点就是套用产品定价的"成本加成法"，认为门票价格的定价基础是景区资源价值，同时受维护

[①] 胡蓉蓉、陶卓民：《旅游景区门票价格的初步探讨》，《价格月刊》2005 年第 9 期。

成本和利润等因素影响。由于大多数自然和人文景区资源价值本身很难以经济价值准确衡量，所以门票定价的"基础"就很难有一个科学的鉴定。商品价格是价值的货币体现，门票价格就一定是景区产品价值的货币体现吗？

并不是所有景区产品都是商品，大部分的景区产品具有公共产品的性质。作为公共产品的景区也收取门票，这个门票价格就不是景区产品价值的货币体现，某种意义上我们认为它是景区的管理工具。产品是商品的景区，其门票价格是产品价值的货币体现吗？事实上，门票价格只是"准入费用"，而要消费整个景区产品还需支付其他费用。例如，以自然资源为基础提供观光产品的森林公园，景区产品是一次自然观光的旅游体验，包括观光机会、导游服务和餐饮、住宿，例如，露营地等，支付门票费用只能得到观光机会。从本质上说，门票价格与景区产品价值之间是不对应的。景区产品价值更多地体现为社会价值，经济价值仅是其全部价值中的一部分，门票价格则仅体现经济价值的一部分。因此，以门票收入补偿全部产品价值是不合理的，补偿全部经济价值也是不合理的。门票价格不等于景区产品价格，而仅是景区产品经济价值的一部分。我们所讨论的问题的关键是门票价格要在多大比例上体现并实现景区产品的经济价值。门票价格不是景区产品价格，对这一点需要明确区分。

2. 门票仅是景区的一种准入制度

既然门票价格不是景区产品价格，那么门票价格究竟是什么的价格，谷明根据地租等级理论认为"门票价格是使用权购买价格"，是旅游产品的使用租金，包括旅游产品中自然资源的使用租金，人工修建部分的投入费用、管理费用以及经营者的目标利润。① 然而，旅游者支付门票获得的景区产品使用权是不排他的，每一个旅游者都必须与其他旅游者一起分享景区产品。从门票起源看，门票是身份的象征。在奴隶社会、封建社会，享用景区产品是统治阶级的特权，比如，很多欧洲景区到近代才开始向大众开放。这一特征在现代仍有表现，有些专业景区仍然要求游客具有某些特殊资格，例如，潜水等。现在景区门票几乎是可以用金钱买到的，但持有门票而无法进入景区的情况也时有发生，比如，香港迪士尼乐园在春节期间为确保景区容量而禁止持票游客进入。所以，现代景区门票是景区准入制度，门票本质上是景区的一项管理工具，门票价格则是景区准入的"门槛高度"。

3. 门票的价格是使用权的购买价格

我们也说景区门票的价格是使用权的购买价格，是旅游者对景区旅游产品进行观赏、休闲娱乐支付的使用租金，是使用权的购买价格，而不是所有权的购买价格。国家和集体经济组织以法律形式确认了风景名胜旅游产品的所有权，独自垄断经营，有权向使用者即旅游者征收门票，或租赁给旅游企业经

---

① 郭志球、邓荣幸：《关于游览参观点门票价格游览管理中有关问题的探讨》，《价格理论与实践》2005年第11期。

营，旅游企业向旅游者收取使用租金，旅游者不可能拥有风景名胜旅游产品的所有权，其支付的门票价格也不可能是资本化的租金，而只是旅游产品的使用租金。该租金既包括旅游产品中自然资源的使用租金，又包括人工修建部分的投入费用、管理费用以及经营者的目标利润。

（五）旅游景区门票价格的特点

景区门票是景区经营单位为游客提供观赏服务的一种商品，其价格具备一般商品价格的共性，即景区门票价格由开发经营成本和利税构成。[1] 但是，由于景区门票是一种特殊的商品，其价格与其他商品又有所不同。景区经营单位提供的产品服务，不仅包括开发经营过程中的当今人类劳动耗费，而且包括没有任何当今人类劳动耗费的自然遗产资源价值或文化遗产资源价值。旅游景区门票除具有价格的基本特性之外，和其他票证存在明显的区别，这个主要与景区性质以及社会的认知程度有密切的关系，我们把这些特点概括为以下几点。

1. 景区门票价格的垄断性

自然风景区、人文名胜古迹等旅游资源的地域分布的不可移动性，使旅游景区门票价格具有了天然的垄断性。另外，在

---

[1] 严岗：《景区门票价格对旅游者消费的影响及认识误区》，《重庆工学院学报》2003 年第 3 期。

我国景区发展的历程中，景区门票作为一种非常重要的规费，是由政府部门管理和收取的，而且这种状况一直没有改变，这也是风景区向游客收取的唯一规费，所以，旅游景区门票价格是具有垄断性的。

2. 景区门票价格的稳定性

因为景区门票是经政府额定审批之后长期推行的规定性费用，所以只要景区发生游客游览行为，就会产生门票收益。这项由风景区管理机构行使的规制不受其他因素的干扰，也就具有了长期性和稳定性的特征。

3. 景区门票价格的公益性

景区内资源的性质和社会属性，决定了旅游景区门票始终是具有公益性的，风景名胜区从初始发展至今，一直保留着公益性的特点，目前各级旅游景区仍然对景区附近居民实行优惠票，如月票或者年票，对一米以下的儿童实行免票，对大、中、小学生实行凭有效证件半价优惠，对现役军人、武警官兵实行凭有效证件免票，对持有社会保障金领取证的人员实行凭证半价优惠。这种门票的收费形式充分体现了国家主管部门对特殊群体的优惠政策，体现了旅游景区的公益性特征，并且提升了景区管理部门的社会形象，为推动全社会的精神文明建设做出了巨大贡献。

4. 景区门票价格的保护性

自然遗产或文化遗产的观赏、利用价值主要在于其原貌、原址、原物，因而景区门票价格构成中包含一定的保护性费用。对各个旅游景区的保护修缮起到一定的作用。

5. 景区门票价格的复杂性

旅游景区门票价格反映了景区价值的复杂性，由于旅游景区种类繁多，对景区的开发利用也各不相同，其核心价值并非追加的劳动，而是自身或社会的既有资源禀赋，资源保护与开发的矛盾，使景区门票价格在反映其价值时显得更加复杂。

6. 景区门票价格的前置性

游客支付门票价格与游览参观活动本身存在一定的前置性，游客通常通过媒体资料、广告宣传、他人或旅行社介绍等对该景区的独特性、服务品质等进行大致了解，在进行参观活动前就要支付门票费用，而参观后的亲身感受未必与预期一致。

7. 景区门票价格的政府定价性

景区提供给社会的是公共产品，其门票价格一方面存在不同程度的垄断性和外部经济效应，无法单纯由市场调节；另一方面由于门票价格的前置性和保护外来游客权益、维护当地对外形象的需要，大部分门票价格要依靠政府来制定或干预。另外，旅游资源的地域性使其与地方政府利益具有明显的相关性。政府可以对景区门票价格进行直接调控。

（六）旅游景区门票价格的功能

旅游景区的门票价格除了具有价格本身所有的基本功能（表价职能、调节职能）和派生功能（综合计量功能、核算职能、分配职能、信息职能）之外，它本身还具有一些特殊的功能，主要有以下几个方面。

1. 景区门票价格能够反映景区的质量，具有信号功能

景区门票价格是一种信号，能够反映景区的质量，具有信号功能。景区这一旅游产品具有不可移动性、生产和消费同时性的特点，这决定了旅游者只有到达旅游目的地进行消费后，才能对景区产品的质量做出真实的评价。旅游消费者面对的是不对称的信息市场。在信息不充分的前提下，消费者主要根据价格和广告对旅游产品的质量做出判断，这也是构成消费者期望的重要因素。景区门票价格高，暗示着景区产品质量和服务成本比较高，带给消费者的期望也是比较高的。消费者也会根据过去的经验来判断同等级价位的景区应当具有的资源品位、项目内容和服务质量。如果实际的感受低于消费者的期望，那么消费者的满意度就低，反之，消费者满意度就高。景区门票价格在景区和旅游者之间起到了无形的传导作用，所以，门票价格的高低暗示着景区的质量好坏。

2. 景区门票价格是一种调节需求的杠杆，具有调控客流的功能

景区门票价格是调节需求的杠杆，是景区调控客流的手段之一。从理论上来说，对门票价格的调整可以调控景区的客流量，平衡各个季节和时间段景区的游客量，保持合理的环境容量，提高游客的游览质量。但是在实际的运用中，利用价格实现对客流的调控，并不意味着简单地利用门票价格上涨来限制公众到景区旅游的权利，而是利用价格杠杆实现对景区的妥善保护和合理开发，确保当代人享受的景区旅游资源，子孙后代也同样能够享受到。例如，在美国，其国家公园门票最主要的作用有两个。第一，限制游客的数量。当一个风景区的环境容量与游客的需求量相比要大得多时，考虑到对资源的有效利用，可以采取免费政策。当公共开放政策与游客需求不断上升，需求量超过零价格资源容量时，有必要收取费用以维持合理的游客容量。第二，对公园设计投入和保护投入进行某种补偿。由门票的上述两个特点可以明确，门票价格的调控功能也是对资源进行保护的一种手段。

3. 旅游景区门票的信誉担保功能

风景区门票价格具有唯一性、强制性和稳定性，并且随着国家旅游经济的发展逐年增长，在各地金融机构具有很高的信誉度。近年来，在景区内管理和维护费用以及开发项目所需资金越来越大的情况下，部分景区管理机构积极探索利用门票作为向金融机构信誉贷款的担保形式，并将获得的资金用于风景区的保护与开发项目。

（七）旅游景区门票价格的定价原则

定价原则是一个长期困扰旅游企业和旅游者双方的问题。这是由旅游商品具有许多与普通商品不同的性质所决定的。从经济学的角度进行分析，可以从以下几个方面考虑。

1. 公平优先，兼顾效率

公共产品不能任凭消费者的购买力来决定其分配格局，其提供过程必须具备公共性，其核心价值不应该是效率，而是社会公平。因此，旅游景区门票定价必须做到公平优先，以实现社会总福利和人均总福利的最大化。

2. 按质定价原则

我国众多的旅游著作或者文章大多是从企业的角度来研究价格的，通常采用成本导向型、竞争导向型及需求导向型等，新的旅游产品的定价策略还有市场撇油策略、市场渗透策略等。

3. 保护和利用的原则

尽管门票的收入不能和维持旅游资源价值的投入相提并论，但是合理的收入可以对保护性开放的重要文物古迹、大型博物馆、重要风景名胜区和自然保护区等有一定的辅助性作用，景区的自然景物具有不可再生性，无法用现代劳动创造补偿。因此，必须采取有效措施，坚持适度开发，切实保护好风景名胜区的风景资源。控制门票价格的涨跌变化是调节游客量的方法之一，但并非最优选择。制定门票价格要贯彻有利保护和适度开发的原则，在某种程度上缓解接待压力。

4. 市场供求关系原则

为避免旅游热点和旺季景区游客人满为患、旅游冷点和淡季景区闲置低效，制定门票价格时应采用需求导向定价法，实行优质优价和季节分价，以平衡不同时空游客量的分布，实现保护和增效双赢的目标。

5. 游客权益兼顾原则

在旅游经济范畴内，旅游景区与游客相辅相成，双方的利益都应得到维护。制定风景区门票价格既要考虑如何保证风景区的正常收益，又要考虑游客的承受能力。为此有必要采用某些弹性指标，以使风景区和游客均能受益。

6. 价格补偿大环境建设价值原则

旅游业在我国的发展模式属于政府主导型模式，在这种模式下，政府需要进行大量投资来改善旅游交通、电力、通信条件，加强旅游资源和环境的保护，因此，景区在门票价格构成中可适当包含政府投资和回报，例如，我国一些规模较大的景区的门票中含有资源保护费、宣传促销费、机场建设费等。因此，在我国目前的国情下，景区门票价格要体现补偿大环境建设价值的原则。

7. 最高限价原则

旅游景区门票价格的确定是一种商品价格的确定，同时涉及一个国家的旅游发展前景和战略问题，西班牙、意大利、日本、泰国等都在实行低门票价格战略，而我国再一味地提高门票价格是不妥的。因此为了国家和民族的利益，旅游景区门票应该采取低价策略，让国民每参观完一个大型的景区都有一种自豪感，而不是高消费的感觉；同时也只有景区门票采取低价策略，才能带动相关产业的发展，过高的门票价格会使很多游客望而却步。

(八) 旅游景区门票价格的发展研究

1. 景区门票价格的形成依据

对景区门票价格而言，它需要反映的是景区的资源价值，景区的资源价值又是由多个方面因素构成的。学者全面的分析研究，加深了人们对其价值的理解，甚至有的学者还提出了评价体系。但是我们不能把景区本身的总体价值或者综合价值与景区门票价格所要反映的景区资源价值相混淆，也就是说，景区门票价格形成的价值基础不是景区本身的总体价值或者综合价值，而是观赏价值，这个观赏价值具体体现在景区对游客的观赏满足程度的效用价值。当然，观赏价值要以景区资源本身的总体价值为基础，依赖于景区所拥有的自然生态价值以及历史文化价值、独特性或稀缺性等，所以，观赏价值也包含自然、历史、文化等内容。这些内容的相异性形成不同的观赏价值。因此，需要对景区资源观赏价值进行准确评估。

2. 旅游景区门票价格反映的价值构成

景区的景观和历史文化古迹，因被开发而成为旅游景区，因提供各种服务而使游客参观者能进行消费。因而，景区门票价格需要反映的价值一般由景区资源的观赏价值和服务价值构成。景区观赏价值主要反映资源本身的稀缺程度和维护费用、环境保护费用，服务价值主要反映开发投入和人工费用（如图 2-2 所示）。

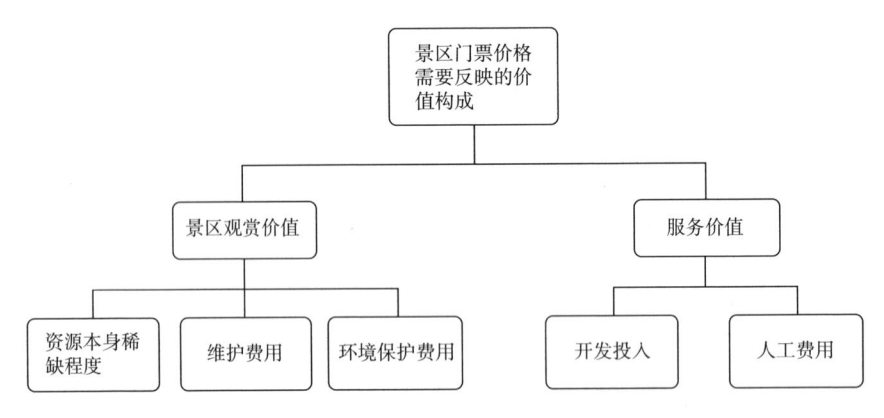

图 2-2　景区门票价格需要反映的价值构成

3. 游客的需求是影响景区门票价格形成的重要因素

游客对景区的需求在很大程度上取决于景区给游客带来的效用，也就是我们所说的使用价值的大小，即价格与效用呈正比。不同游客游览参观的目的不同，会导致不同景区的需求效用存在差异，例如，其目的可能是探险猎奇、考察访古、度假休养、观光游览，从中获得身体上的放松、精神上的愉悦、文化上的提升、心理上的满足。因此，对任何游览参观产品，游客都会根据自身的观赏理念、能力和消费需求来评价其观赏价值，而游客的需求是考虑了支付能力的需求，这种需求与他们的可支配的收入状况、对价格的心理承受能力相关。[1]

$$P = P_r + L + p \qquad (2.1)$$

其中 P 为旅游产品的门票价格，P_r 是旅游资源的价格，L

---

[1] 刘元晨:《旅游风景区门票价格预测模型及影响因素分析——以 2006 沈阳世园会门票价格预测方案为例》，《中国物价》2006 年第 4 期。

是人工设施投入的人、财、物以及管理费用等成本的价值，p 是旅游经营者的目标利润。[①] 虽然景区符合经济学理论的稀缺性和不可再生性定义，但它本身具有一定的社会公益性，是典型的公共资源。所以在对国家级风景名胜区门票进行定价的时候要充分考虑其社会公益性，公式（2.1）中的目标利润 p 的取值应该较小。

对于景区旅游产品的价格，我们在上文中说过，景区的自身价值构成包括历史价值、观赏价值、社会价值、科研价值、审美价值、生态价值等。但在实际中对景区门票的定价更多地是基于景区给游客带来的效用，即把价格建立在消费者对产品的认知价值的基础上。如果某一个景区的科研或者考古价值很高，但是对游客没有有足够大的吸引力，那么其门票价格并不能如实体现景区的科研价值。景区门票定价的关键不是景区的成本，而是买主对价值的认知。因此，景区的门票主要考虑的是购买者心中的认知价值，而价格就建立在可以捕捉到的认知价格基础上，并不是景区实际价格的完全和真实体现。另外，门票的定价不应该仅仅以开发、保护、管理的需要为基础，还要考虑国民收入水平、居民消费水平和心理承受能力，这样有利于增加社会效益、促进景区的可持续发展。

---

① 马永立、谈俊忠、万绪才、张安：《制定风景区门票价格数学模型的研究》，《经济地理》2000 年第 1 期。

4. 旅游景区门票价格构成

（1）传统的旅游景区门票价格构成

$$景区门票价格 = 经营成本 + 税金 + 利润 \quad (2.2)$$

其一，经营成本指景区在经营管理过程中的实际资金投入。按照财政部统一制定的《旅游、饮食服务企业会计制度》，景区的成本费用是指景区为了获得经济效益，在经营、管理景区活动过程中所支出的各项耗费。由营业成本、营业费用、管理费用、财务费用构成。其中，营业成本属于直接成本，营业费用、管理成本与财务成本属于间接成本。改革开放发展旅游事业以来，生产经营成本是制定景区门票价格的主要依据。

其二，税金指景区门票价格中包含的税金，是门票价格构成中最稳定的因素，通常按门票收入的5%征收营业税，在应征税额基础上再征3%～10%的教育费附加、7%～10%的城建税，大多数省份还按门票收入额随税征收0.6%的防洪保安基金，按门票收入合计为6%左右。

其三，利润。绝大多数省份把旅游业作为支柱产业来抓，景区作为旅游吸引力的根本来源和旅游经营活动得以进行的基本前提，其开发建设的经济动机明显增强，政府财政补贴逐年减少，不少地方已经取消对绝大多数景区的财政拨款，相反，有些地方仍将景区作为壮大政府财源的重要途径，景区门票价格中包含的利润比重不断扩大，有些甚至超过社会平均利润水平。

(2) 现代景区门票价格的构成

景区门票价格 = 完全成本 + 资源价值 + 税金 + 利润
= (直接运行成本 + 配套服务成本) + 资源价值 + 税金 + 利润①

(2.3)

其一，完全成本。景区的完全成本概念是相对于传统的门票价格决策中依据的成本不够完全而言的。在发展旅游业的过程中，人们需要付出相应的代价，如开发旅游业对资源的掠夺性使用、对环境的破坏，抬高当地土地、商品和劳动力价格，加剧经济波动和发展不平衡，玷污人们纯朴的价值观念，增加疾病传播风险和火灾安全事故隐患，提高犯罪发生率，等等。但是，景区的价格决策并没有全面反映其开发、经营、风险等成本，一方面经营单位进入市场的门槛过低，经营企业信用和风险承受能力低，影响发展后劲；另一方面政府及其部门在遇到问题时，不是无力解决而影响旅游形象，就是临时向企业摊派而损害经济发展环境。湖南省物价局根据湖南的实际情况，鉴于湖南属于典型的旅游大省，经过十余年的实践探索，提出了景区的完全成本这个概念，逐步丰富了关于成本的内涵，增强了政府的宏观调控能力，有力地促进了知名景区以及整个旅游业的快速发展。对于完全成本的构成，主要由直接运行成本和配套服务成本两部分构成。

---

① 张维、郭鲁芳：《旅游景区门票价格调整的经济学分析——利益相关者理论视角》，《桂林旅游高等专科学校学报》2006 年第 1 期。

一是直接运行成本，也可称为微观成本，即传统概念上由单个景区经营单位支付的生产经营成本。

二是配套服务成本，也可称为宏观成本，即虽不属于景区经营单位直接费用，但属于政府或其授权的有关单位为迅速改善景区的交通、文化、环保、市场秩序等服务条件，提高该景区区域的知名度而发生或分摊的拆迁安置、建设保护、宣传促销、价格调节等费用，这部分费用从门票收入中提取，纳入政府财政管理，专项用于改善景区服务条件。以湖南为例，1994年以来，湖南率先在张家界武陵源核心景区门票价格中列入了张家界机场建设费、公路建设费、防洪水利建设费等配套服务成本，之后依据有关法规又增加了宣传促销费和价格调节基金；到2000年，张家界武陵源核心景区的门票价格为108元，其中，配套服务成本为23元，接近直接运行成本77元的30%；2005年245元的门票价格中的配套服务成本为74元，达到直接运行成本136元的54%；2010年245元的门票价格中的配套服务成本为87元，达到直接运行成本152元的57%；2015年298元的年票价格中的配套服务成本为104元，达到直接运行成本165元的63%。[①] 运用门票价格包含的配套服务成本理论，张家界市政府近年来累计从门票价格中筹集有关建设资金达2亿元，并以此向银行质押贷款和盘活景区拆迁、建设

[①] 《武陵源核心景区大门票》，张家界·武陵源旅游官方网站，http://www.hnzjj.com/index.php/Ticket/show/2.html。

资金达 10 亿元，从而在短时间内完成了机场建设、景区公路改扩建、水库灾害隐患的消除、世代居民及经营单位的拆迁等紧迫而艰巨的重任，为确保景区环境符合联合国教科文组织要求、不断优化景区周边环境做出了贡献。

其二，资源价值。传统的景区门票价格构成没有体现资源的价值，景区的资源通常是指景区对游客最具吸引力的东西，或是与生俱来的天造奇观，或是历史遗留下来的灿烂、神秘文化，它能够提供游客居住地所无法提供的增长见识、启迪智慧、愉悦身心等的活动，这些独特的遗产构成了景区的特殊价值，资源价值是依据其科学价值、文化价值、美学价值、生态价值以及独特性和稀缺性等因素确定的。在传统的价格构成中仅仅考虑了开发建设成本，并没有体现资源的价值。

按传统的景区门票价格理论。景区的开发建设可以无偿占用这种自然和历史恩赐的宝贵资源，在经营管理中不必考虑折旧和再生产，不尊重原址原貌、修旧如旧的基本准则，片面认为开发建设投入越多、参观的游客越多，其旅游价值就越大，门票价格理所当然更高，投资回报和盈利的空间更大，从而导致耗竭性地开发、利用旅游资源，靠急功近利、盲目开发、重复建设、破坏景观环境、降低资源价值、折损资源寿命甚至毁灭景区资源来获取短期内丰厚的经济效益。

现在，一般采取定性评价和定量评价相结合的方法对旅游景区的资源价值进行评定。定性评价是用分析对比的方法，通过文字描述景区的价值，如张家界武陵源风景名胜区是世界自然遗产，知名度大、观赏价值高、资源聚集程度高、植被条件好、环境容量大，是世界极为罕见的天造奇观等。定量评价是按照给定的评价标准、分值、计分权数以计分的办法来计算各景区的综合价值，如北京率先将景区的综合价值分解为历史文化价值、审美价值、科研价值、生态价值、舒适满意度价值、市场价值等要素，分别给出分值和权数，然后按照这个统一的标准对各景区计分并排出名次，并据此划分其门票价格区间。① 湖南借鉴北京的经验，增加了知名度、环境容量、资源聚集程度、季节性强弱等指标，对有关景区进行定量测算，勾勒其门票价格的大致区间，在此基础上，扣除景区直接运行成本、配套服务成本以及合理盈利后，将剩下的作为资源价值，以资源有偿使用费的形式上交履行日常保护和监督职责的政府。如张家界武陵源核心景区门票价格从 2000 年开始列入资源有偿使用费（每张门票 8 元，与经营单位利润水平相当），2005 年增加到每张门票 35 元（大约高于门票经营单位利润水平的 2 倍），这标志着景区资源有偿使用意识正在由萌芽阶段迈向发育成熟阶段。景区门票价格构成有待进一步改进和完善。

三 旅游景区门票价格机制的研究

旅游景区门票价格机制由旅游景区门票价格形成机制和旅

---

① 郭志球、邓荣幸：《关于游览参观点门票价格管理中有关问题的探讨》，《价格理论与实践》2005 年第 11 期。

游景区门票价格运行机制组成，其中价格形成机制是前提，只有合理的价格形成机制，才有合理的价格运行机制和完善的价格机制。

（一）旅游景区门票价格形成机制的研究

1. 旅游景区门票价格形成机制的理论基础

随着旅游业的快速发展以及旅游市场需求的不断增加，旅游景区门票价格高低也逐渐受到大家的关注，那么旅游景区门票价格形成机制是基于什么理论基础呢？

（1）劳动价值理论

马克思在其政治经济学理论中，把价值定义为凝结在商品中的无差别的人类劳动，这反映了商品生产者之间的交换关系。运用马克思劳动价值理论来考察景区资源的价值，就是要看景区资源是否凝结着人类的劳动。对于一些人造旅游资源来说，其中必定含有人类的劳动，这部分价值是可以用价格来衡量的。但是自然资源和环境是天然形成的，因此一直被人们认为是"无偿资源"，其实不然。严峻的资源和环境问题已经说明，资源和环境仅依靠自然界的自然再生已远远不能满足旅游业快速发展的需求，需要人类付出一定的劳动，投入大量的人力、物力、财力参与自然资源的再生产和生态环境的保护，于是自然资源和环境在成为旅游产品之时也被赋予了人类劳动。

这样一来，旅游景区可以根据劳动价值理论来对旅游资源进行价值评价，并根据价值大小制定门票价格。

(2) 西方效用价值理论

效用价值理论认为，人的欲望及其满足是一切经济活动的出发点，也是包括价值理论在内的一切经济分析的出发点。判断物品是否有价值的标准就是其是否对满足人的欲望起作用，即物品的效用。数量无限，可以自由获取的物品不会引起人们的关注，因而没有价值；只有与人的欲望相比是稀缺的物品，才会引起人们的重视，由于其数量有限，因而是有价值的。

根据效用价值理论，凡是有效用的物品都具有价值。由此可以得出这样的结论：旅游资源由于具有稀缺性，以及能够满足人在审美、科研等方面的欲望和需求而具有价值。旅游资源的稀缺性和有用性随着时空变化和科学进步而变化，效用大小和价值大小也会随之而变化，这样一来反映旅游资源价值的价格也会有浮动。然而，"效用"或"满足"这些概念具有强烈的主观性和偏好性，不可能对其直接度量，因此，效用和价值量的计算问题成为实际操作中的一个难点。

(3) 市场价格理论

在经济学中，商品价格是由价值决定的，但是市场中的供求机制导致价格不断围绕价值波动。任何商品的价格都会受供求关系的影响而不断变化，作为旅游产品的旅游景区，其门票价格也同样受到旅游市场上供求关系的影响。但是，旅游资源又跟普通商品不一样，由于旅游资源的稀缺性及弱替代性，其市场需求往往大于供给，所以价格会不断上涨。

旅游景区特别是一些垄断性的景区，其市场需求呈刚性状态，因此景区会因为市场需求的不断增加而调高门票价格。

（4）生态补偿理论

整个人类社会包含两个系统：社会经济系统和生态环境系统。这两个系统有着极为密切的关系，二者之间不断地进行物质和能量的互换。社会经济系统的发展要从自然环境系统中取得作为原材料的自然资源产品，同时将生产和生活的废弃物返回到自然环境中。因此自然环境是有价值的，要使社会经济系统能够可持续发展，就必须使自然环境系统也能够持续发展，这就要求社会经济系统对自然环境系统做出生态补偿，包括实物量补偿和价值量补偿。[①]

旅游资源被开发成旅游产品后，由于人们在旅游时可能对其造成一定的损耗或者破坏，所以需要一定的补偿来维持其自身的可持续利用。因此，计算旅游景区门票价格，不仅要考虑劳动成本和物资成本，而且要考虑资源环境成本，这也是资源环境价值的具体体现。

2. 旅游景区门票价格形成机制的基本原则

（1）价格反映价值

价值是价格的基础，价值的大小直接决定价格的高低。但是景区旅游资源的价值量比较复杂，旅游资源中那些非独一无二的人造景观的价值可由投入的物资和劳动量来衡量，但对于那些历史遗产、文物古迹、社会风尚、民俗文化以及各种吸引

---

① 刘肖梅：《旅游资源可持续利用与管理导论》，山东大学出版社，2010。

物，其价值量不能单纯地根据投入劳动量的多少而定，这些旅游资源的价值量要考虑其特有的历史价值、社会价值、美学价值及科学价值等。因此景区门票价格要根据价值等级实行分等定价，使价格反映价值。

（2）价格有利于旅游资源的保护和利用

旅游资源是景区发展的根本，旅游资源的保护和利用是实现景区可持续发展的保障，在现行景区自收自支的情况下，景区旅游资源的保护和利用只能从景区门票收入中获得，因此景区门票价格的制定要以有利保护、利用旅游资源为重要前提。一般情况下，对保护性开放的重要文物古迹、大型博物馆、重要的风景名胜区和自然保护区，门票价格按有利于保护和适度开发的原则确定；对与居民日常生活密切相关的城市公园等，门票价格按照充分考虑居民承受能力、适当补偿成本费用的原则确定；各级地方价格部门管理的旅游景区门票价格不应高于上一级价格部门管理的同类游览参观点门票价格。[①]

（3）价格反映旅游市场需求

在市场经济条件下，供求关系对价格有着重要的影响。旅游市场需求同景区门票价格的关系跟其他商品的需求与价格的关系一样，即在通常情况下，旅游需求量同旅游门票价格呈反方向变化，当景区门票价格上涨时，旅游需求量就会减少；当

[①] 杨剑川：《从社会福利最大化角度出发，合理制定我国世界遗产类景区门票价格》，西南财经大学，硕士学位论文，2007。

景区门票价格下降时，旅游需求量就会上升。在不考虑其他因素的前提下，人们在一定时期内的旅游需求量随着景区门票价格的升降而呈相反方向变化的规律，可用图2-3表示。

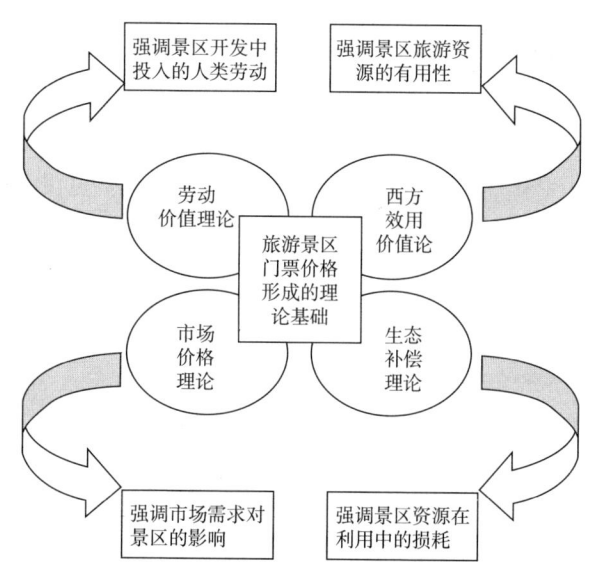

图2-3 旅游景区门票价格形成的理论基础

在图2-4中，横坐标表示旅游需求量（Q），纵坐标表示景区门票价格（P），景区门票价格和旅游需求量是一一对应的，从而形成了旅游需求与门票价格曲线 dd，这是一条以横纵坐标为渐近线的曲线。当景区门票价格为 P_0 的时候，旅游需求量为 Q_0；当价格从 P_0 涨至 P_1 时，需求量会减少到 Q_1；当价格从 P_0 降至 P_2 时，需求量会增加到 Q_2。[①]

旅游市场需求具有季节性，所以景区门票价格制定也要反

---

① 黄羊山编著《新编旅游经济学》，南开大学出版社，2010。

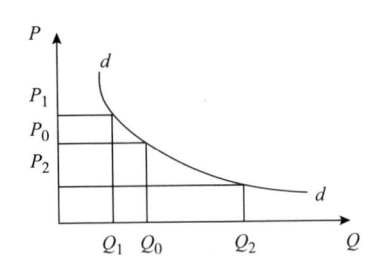

图 2-4　旅游需求与景区门票价格关系曲线

映这种季节变化，实行淡旺季差价。不同景区的价格制定需要考虑旅游需求量的不同，一般而言，知名景区的市场需求量大，门票价格就会相对高一些；一般景区的市场需求量小，门票就会低一点。

（4）价格的定制考虑旅游者的利益

景区门票价格不能高于居民的消费能力，否则旅游者将因为无法支付高额费用而放弃旅游活动，换言之，就是景区高门票剥夺了他们的旅游权利。[①] 对旅游者来说，景区没有从如何提高产品、服务质量，全面满足旅游者生理、心理需求上下功夫，反而在原来的旅游观赏景点并没有本质变化的基础上进行提价，这种价值与价格的反向运动，必然对旅游者的产品购买需求产生影响。这种影响大致有两种表现：对于一些高品位、高知名度、具有国际吸引力的景区（如黄山、九寨沟和北京故宫等），虽然有支付能力的旅游者会尽量增加旅游支出来满足上涨的价格，但必然导致一部分支付能力不足、旅游预算有

---

① 陈松：《门票计时收费之我见》，《旅游学刊》1994 年第 2 期。

限的中低收入旅游者数量减少，或者降低他们对非必要旅游消费的支出；对于其他一些知名度不高、档次一般、类型相似的景区，旅游需求就会因为产品价格的上升而下降，消费者要么会选择其他休闲方式，要么会根据各自的时间金钱成本来选择这些同类景区。① 所以，景区门票价格要符合人们对景区价值的认识。

3. 影响旅游景区门票形成机制的因素

在市场经济条件下，旅游景区门票价格的形成是多种因素共同作用的结果。这些因素有经济方面的因素，也有政治方面的因素，还有自然方面的因素；有宏观方面的因素，也有微观方面的因素。所有这些因素，根据景区经营者对其控制程度，可以分为可控因素和不可控因素。

（1）可控因素

其一，成本。成本是价格形成的基础，也是影响价格形成的重要因素。旅游景区开发和管理成本由以下项目构成：人工成本，包括职工工资、福利费、社会保障费等；管理成本，包括办公费、水电费、差旅费、修缮费、会议费、设备购置费和其他费用等；专项开发建设成本，包括公用设施建设费、景区建设费、景区游道建设费、防火费用、资源保护费、景区的拆迁安置费等其他费用；其他成本，包括固定资

---

① 严岗：《景区门票价格对旅游者消费的影响及认识误区》，《重庆工学院学报》2003年第3期。

产折旧、宣传促销费、财务费用、税金及附加等；消耗成本，包括资源利用和被破坏的补偿费用，如生态补偿费、相关利益主体补偿费等。

其二，景区形象及等级。景区形象主要包括景区的资源质量、独特性及知名度等，对景区门票价格形成有较大的影响。一般而言，特色旅游产品价格带有一定的垄断性，价位较高；优质旅游产品价位较高，劣质旅游产品价位较低；知名度高的旅游产品价位较高，知名度低的旅游产品价位较低。此外，经国家标准《旅游景区质量等级的划分与评定》（GB/T 17775-2003）评定的 A 级景区，其等级越高，表明景区服务质量、环境质量、景观质量也就越高，相应地该景区门票也就有可能是一个高价位。

其三，定价目标。属于市场自主定价的旅游景区，门票定价目标的不同，会导致价格的计算方式不同，从而影响景区的门票价格定位。定价的目标有很多种，如追求最大利润、迅速收回投资成本的高价位"撇脂定价"，开拓市场的低价位"渗透定价"等。一个景区如果要在短期内收回投资成本，就会制定较高的门票价格；如果要开拓旅游市场，就会采取低价位门票定价的策略以吸引游客。

此外，目前全国范围内多数旅游景区的投资主体为政府，因投资主体的特殊性，其必然要考虑政府投资的社会效益，所以目前全国多数景区以政府定价为主，政府定价具有稳定性与可控性的特点。

(2) 不可控因素

其一，旅游需求状况。一般而言，大多数产品的价格是在市场中形成的，并受需求状况的制约。虽然旅游景区因其准公共性而不能等同于一般旅游产品，但是景区门票价格还是会受到旅游需要的影响。对于一些垄断性的知名景区，其市场需求很大，景区为了限制这种旺盛的需求就会采取限客策略，制定较高的门票价格以提高景区门槛；对于一些类型相同、特色不明显的景区，其市场需求就小得多，为了争夺客源，它们通常就会采取低门票价格来吸引游客。

其二，国家价格政策的调整。由于部分旅游景区的公共性或准公共性，其门票价格不能完全由市场来决定，还要受国家政策制约，因此，旅游景区门票价格的高低及其变化直接受国家政策的影响。例如，国家发改委在2012年中秋、国庆前以及2013年五一劳动节期间先后降低了一批游览参观点的门票价格，对抑制景区门票价格较快上涨、拉动假日经济起到了积极的作用。再如，于2013年4月25日通过、自10月1日实施的《中华人民共和国旅游法》规定，"利用公共资源建设的景区的门票以及景区内的游览场所、交通工具等另行收费项目，实行政府定价或者政府指导价，严格控制价格上涨。拟收费或者提高价格的，应当举行听证会，征求旅游者、经营者和有关方面的意见，论证其必要性、可行性。利用公共资源建设的景区，不得通过增加另行收费项目等方式变相涨价；另行收费项目已收回投资成本的，应当相应降低价格或者取消收费。

公益性的城市公园、博物馆、纪念馆等，除重点文物保护单位和珍贵文物收藏单位外，应当逐步免费开放"。以法律的形式规定了今后我国旅游景区门票价格制定的总方向。

其三，通货膨胀的影响。通货膨胀是指国家货币发行量大于流通中的货币需求量，导致的货币贬值、物价普遍持续上涨的现象。如果一个国家发生通货膨胀，旅游景区各种投入成本就会增加，而且单位货币的购买力下降，会使景区实际收入减少。此时，若门票价格保持不变，景区的门票收益就会减少；为了保证原有的收益，景区就有可能考虑调高门票价格。

4. 旅游景区门票价格形成机制存在的主体

价格形成机制是为制定和调整价格而客观存在的一种规律，它要通过人的操作才能发挥作用，因此，价格决策的主体，就成为价格形成机制的主体，这种主体结成紧密的生产关系和利益关系，并与经济体制密切相关。在计划经济时代，政府部门理所当然地成为价格制定的主体；在社会主义市场经济体制下，价格制定主体包括政府和经营者两类。

我国《价格法》规定，商品价格和服务价格，除适用政府指导价或者政府定价外，实行市场调节价，由经营者依法自主制定。《价格法》规定的适用政府指导价或者政府定价的情形包括：与国民经济发展和人民生活关系重大的极少数商品价格；资源稀缺的少数商品价格；自然垄断经营的商品价格；重要的公用事业价格；重要的公益性服务价格。对于旅游景区而言，《旅游法》规定，"利用公共资源建设的景区的门票以及景区内的游览场所、交通工具等另行收费项目，实行政府定价或者政府指导价"，也就是说，凡是利用公共资源建设的景区，属于政府指导价或者政府定价；其余景区，则属于经营者定价。因此，利用公共资源建设的景区的门票价格形成机制的主体，是政府部门；未利用公共资源建设、通过商业性投资兴建的人造景观的门票价格形成机制的主体，是景区投资者或经营者。

5. 旅游景区门票价格形成机制中的定价方法

景区门票定价，是旅游景区门票价格形成机制的核心。定价准确与否，不仅关乎能否准确反映景区资源的真实价值，而且关乎景区经营者及旅游消费者的切身利益。目前国内外对景区门票定价方法的理论研究成果较为丰富（见表2-1），不仅有宏观层面的定性研究，而且有微观层面的定量研究，其中比较有影响的研究阐述如下。

表2-1 经济学中的经典定价方法

定价理论	定价方法	具体含义
成本定价	成本加成定价	价格 = (1 + 加成比例) × 单位成本
	渗透定价	低价吸引顾客，价格由低向高
	撇脂定价	牺牲销售量以获取较高的利润，价格由高向低
顾客定价	心理定价	把握顾客心理，引导顾客消费
	细分定价	根据顾客付款能力按照不同的价格把同一产品或服务卖给不同的顾客
	非线性定价	二部定价、捆绑销售

续表

定价理论	定价方法	具体含义
竞争定价	古诺定价	双头垄断理论
	串谋定价	卡特尔和价格领导
动态定价	不确定性定价	预期结果存在风险
	产品生命周期定价	根据不同发展阶段选择定价方式

(1) 国外景区定价方法研究

国外较为经典的定价方法理论,如斯密(Smith)、西尼尔(Senior)、马歇尔(Marshall)、古诺(Cournot)、穆勒(Mill)等,通过研究价格的影响因素、包含内容、弹性系数、浮动规律等,提出了定价的方法论问题。

具体到景区定价的方法研究,Jan G. Laarman 和 Hans M. Gregersen[1] 从公共代理视角对国家公园、野生动物区和其他自然保护区的进门费进行了研究,指出定价方法是一个潜在的有力工具,可以带来更高的效率,增加公平程度;Brian Garrod 和 Alan Fyall[2] 提出了针对遗产吸引物资源价值的评价及定价问题;Larry Dwye 和 Peter Forsyth[3] 以澳大利亚景区作为样本,通过对国际价格竞争指数的研究,对比了目的地旅游产品和服

---

[1] Jan G. Laarman., Hans M. Gregersen S., *Development and Management of Visitor Attractions* (London: Butterworth Heinemann, 1996).

[2] Brian Garrod, Alan Fyall, S., *Dictionary of Travel, Tourism, and Hospitality* (London: Butterworth Heinemann, 2000).

[3] Larry Dwye, Peter Forsyth P. L., "Analyzing Tourist Attractions," *Journal of Tourism Studies* 2 (1991).

务的价格及定价问题；H. R. Seddighi 和 A. L. Theocharous[①] 提出了包括服务质量、广告和政治稳定等因素的定价框架；Jukka Pellinen[②] 通过对 6 个具有不同的规模、位置、成立时间、地理位置、所有制结构并且处于旅游商业链的旅游公司的价格进行对比研究，探讨其定价方法和规律。

（2）国内景区定价方法研究

第一，经济效用价值视角。经济效用价值视角是从物品对人欲望的满足能力出发，从主观角度解释价值形成的过程，即根据消费者的消费取向定价。柏宁、臧岩[③]认为，资源最初作为商品开发时，其开发的基础主要依据其资源本身的价值来确定，依赖于它所拥有的生态价值和社会价值，如它的科学价值、美学价值、稀有性价值即独特性或稀缺性等，这种价值可以通过多种资源评价体系的评价结果和考察结果来界定；杨剑川[④]以世界遗产类景区为研究对象，从社会福利最大化角度对景区票价进行研究，提出了以社会福利最大

[①] H. R. Seddighi, A. L. Theocharous Alan, "A Framework of Tourist Attractions Research," *Annals of Tourism Research* 14 (1987).

[②] Jukka Pellinen Kyle, "Manipulating Consumer Price Expectations for a 10K Road Race," *Journal of Sport Management* 17 (2003).

[③] 柏宁、臧岩：《旅游产品价格形成机制及旅游景区门票价格初探》，《东北财经大学学报》2008 年第 1 期。

[④] 杨剑川：《从社会福利最大化角度出发，合理制定我国世界遗产类景区门票价格》，西南财经大学，硕士学位论文，2007。

化为取向的定价方法；高书军、董玉明[1]从企业追求利润最大化和消费者追求效用最大化的角度，概括了门票价格的影响因素，并设计了相关数学模型，计算出旅游产品的均衡价格。

第二，资源学视角。马鹤丹[2]认为资源依托型旅游产品的定价并没有考虑旅游产品的价值，旅游者认为票价中必定包含了旅游资源的货币价值，在门票的制定上应该正确处理代际公平与代内公平的兼顾问题；张健华、余建辉[3]通过对直接调控法和间接调控法的研究，得出提高门票价格限制游客数量的间接调控法不如直接调控法（如分时段限制游客进入）更有效的结论。

第三，博弈论视角。陶庆华、刘玉琴[4]基于双方叫价拍卖模型对旅行社与寡头垄断型景区门票价格进行博弈分析，得出存在信息不对称时的定价模型；魏翔、邓州[5]基于闲暇约束的博弈方法研究资源景区门票的最优价格；张明新、姚国荣和陆林[6]

---

[1] 高书军、董玉明：《旅游景点门票价格初探》，《海岸工程》2002年第2期。

[2] 马鹤丹：《资源依托型旅游产品的定价与分配问题的思考》，《桂林旅游高等专科学校学报》2001年第3期。

[3] 张健华、余建辉：《旅游景区游客数量调控技术的研究》，《技术经济》2007年第2期。

[4] 陶庆华、刘玉琴：《旅行社与寡头垄断型景区门票价格博弈分析——基于双方叫价拍卖模型》，《技术经济与管理研究》2007年第6期。

[5] 魏翔、邓州：《资源景区门票的最优价格——基于闲暇约束的博弈模型》，《旅游学刊》2007年第4期。

[6] 张明新、姚国荣、陆林：《旅游景区门票价格上涨的博弈分析和对策》，《皖西学院学报》2008年第2期。

基于景区管理者相对于旅游者的关于景区的信息优势，求出最优门票价格。

第四，营销学视角。张雪晶、李华敏①从服务营销学角度将差别定价分为游客差别定价、产品差别定价、时间差别定价和地点差别定价，提出国内旅游景区要达到企业长期利润最大化，必须重视游客在消费旅游产品过程中的互动作用，重视和运用好差别定价这一手段。

6. 旅游景区门票价格形成机制中的定价模型

相比较定性研究，通过建立数学模型进行门票定价的研究，更值得价格制定者或管理者参考借鉴。目前较有代表性的旅游景区定价模型阐述如下。

（1）基于博弈论与信息经济学的景区门票最优定价模型

陶庆华、刘玉琴②基于双方叫价拍卖模型对旅行社与寡头垄断型景区门票价格进行博弈分析，得出存在信息不对称时，产品无论是从价格还是从经济效率考虑都没有完全信息情况下好，参与人可以通过机制设计来使期望收益最大化；魏翔、邓州③基于闲暇约束的博弈方法研究景区门票的

---

① 张雪晶、李华敏：《服务感知价值对景区旅游产品差别定价的影响》，《北方经济》2006年第19期。

② 陶庆华、刘玉琴：《旅行社与寡头垄断型景区门票价格博弈分析——基于双方叫价拍卖模型》，《技术经济与管理研究》2007年第6期。

③ 魏翔、邓州：《资源景区门票的最优价格——基于闲暇约束的博弈模型》，《旅游学刊》2007年第4期。

最优价格；张明新、姚国荣和陆林[1]认为处于委托人地位的旅游者由于信息劣势而不清楚旅游产品的真实质量，处于代理人地位的景区管理者可能利用这些信息制定对他们有利的门票价格。

（2）基于景区价格构成因素的指标评分模型

马永立、谈俊忠等[2]将景区价值分为景区旅游产品特色、景区规模、景区服务和正常盈利4个模块，通过指标评分和浮动指数的计算，得出门票基本价位和门票销售价位。黄凯、朱丽婷等[3]将天坛景区的门票价格影响因素分为基本因素和弹性因素，其中基本因素包括特色因素、面积因素、服务因素和资金因素，弹性因素包括市场因素和淡旺季因素，构建门票价格公式：门票价格 = 单位价格指数 ×（特色 + 面积 + 服务 + 资金）。

（3）基于相关因子的门票价格影响分析模型

刘啸[4]将构成门票价格的基本因素分为等级类型、开发和管理成本、景区容量，并提出5个景点门票价格制定的基本原则，即资源等级与价格相符原则、价格体现公平和"比照"原则、资源的保护与利用原则、补偿大环境建设价值原则、确

---

[1] 张明新、姚国荣、陆林：《旅游景区门票价格上涨的博弈分析和对策》，《皖西学院学报》2008年第2期。

[2] 马永立、谈俊忠、万绪才、张安：《制定风景区门票价格数学模型的研究》，《经济地理》2000年第1期。

[3] 黄凯、朱丽婷、陈之欢：《天坛公园门票价格分析》，《价格理论与实践》2008年第1期。

[4] 刘啸：《关于旅游景点门票价格确定模式的探讨》，《旅游学刊》2005年第3期。

定最高限价原则,并根据以上因素和原则制定价格查询表,对每个项目打分,并赋予权重,根据计算出的总分确定价格;田勇、孙艳梅[1]通过分析构成旅游景区价格的基本要素和弹性要素,建立了旅游景区门票定价理论模型,即门票价格＝资源品位＋成本投入＋游客满意度＋市场半径。

(4) 基于成本的景区门票价格模型

戴斌[2]通过对自然景区价格形成的研究,将旅游市场主体分为所有者、开发者、经营者和旅游者4类,根据景区成本的构成构建景区价格的理论模型,即景区价格＝(自然馈赠＋历史馈赠＋管理成本＋人员工资＋正常利税)×相关关系;郭志球、邓荣幸[3]基于成本定价提出传统和当代两个模型,传统的游览参观点门票价格＝经营成本＋税金＋利润,当代的游览参观点门票价格＝完全成本＋资源价值＋税金＋利润,并提出门票价格制定的基本原则,即分类管理原则、按质论价原则、合理稳定原则、照顾特定群体原则。

(5) 基于CVM和WTP技术确定景区门票价格模型

庞林[4]从旅游者的视角分析了旅游资源价值构成,将条件

---

[1] 田勇、孙艳梅:《旅游景区门票价格模型确立研究》,《价格月刊》2007年第2期。

[2] 戴斌:《自然景区价格形成初探》,《财贸研究》1995年第6期。

[3] 郭志球、邓荣幸:《关于游览参观点门票价格管理中有关问题的探讨》,《价格理论与实践》2005年第11期。

[4] 庞林:《旅游景区门票价格制定中CVM和WTP技术的运用与探讨》,《西南民族大学学报》(人文社科版)2008年第5期。

价值法（CVM）技术和消费者支付意愿（WTP）结合起来，通过专家问询和个人经验制定门票价格区间，通过问卷来调查旅游者的支付意愿，按权重计算景区门票价格。

旅游景区的类别差异及性质决定了其门票价格制定的根本依据，同时考虑开发运营成本、公益性、经济性以及可持续性等多种因素，形成旅游景区门票价格的定价机制，并根据不同资源类别及投资主体的特点，形成以成本为基础的不同定价方法。

（二）旅游景区门票价格运行机制的研究

1. 旅游景区门票价格运行机制的特征

（1）景区门票价格水平偏高

目前，随着我国旅游业的持续发展，在旅游市场消费需求不断扩大的同时，旅游景区尤其是一些知名旅游景区，因旅游产品供给相对固定，其消费呈现出供不应求的态势，这些景区的门票价格也因此水涨船高。例如，2014年北京八达岭长城门票价格（含往返缆车费用）为145元，西安兵马俑门票价格为90元，九寨沟旺季门票价格高达220元。与国际知名旅游景区门票价格相比（如罗马斗兽场门票价格仅为10欧元），国内这些景区的门票价格明显高。

统计数据[①]显示，我国部分知名旅游景区门票价格已经成为民众休闲旅游的主要经济支出之一，有些旅游景区的门票价

---

① 国家旅游局：《中国旅游统计年鉴》，中国旅游出版社，2015。

格甚至超出了当地居民的经济承受能力。[①]

(2) 景区门票价格不断大幅上涨

近年来,随着旅游市场消费需求不断扩张,旅游景区在获取丰厚利润的同时,面临着过度消费及旅游产品供不应求的巨大压力。许多旅游景区借机提高门票价格,打的旗号不外乎"控制景区游客数量、保护景区生态环境、提升景区旅游资源品质"等,其实质还是想获取更高利润,这在客观上导致各旅游景区竞相提高门票价格。以北京八达岭长城景区为例,1980年该旅游景区的门票价格仅为 0.1 元,1990 年为 0.5 元,2000 年为 35 元,2010 年为 80 元,2014 年达到 145 元,仅 2010~2014 年四年间,景区门票价格涨幅达到 81%。这样的高票价往往会令一些中低收入群体无法承受,将他们排除在了"公共资源消费"的门外。

2. 旅游景区门票价格运行机制存在的主要问题

虽然我国旅游景区景点的门票价格运行机制总体呈现出良好的发展势头,但长期以来仍存在着门票价格偏高、套票偏多、景区过于依赖门票收入等问题。随着旅游业竞争的加剧,我国旅游业发展的超前性与旅游管理体制的滞后性之间的矛盾已不利于我国旅游业的健康发展。具体表现如下。

[①] 赵雅萍、吴丰林:《北京市旅游景区门票价格变迁、管理现状与发展趋势研究》,《经济研究导刊》2012 年第 4 期。

（1）旅游市场竞争过度，价格秩序混乱

我国旅游产业从20世纪90年代初期的高利润到目前的低利润甚至负利润，表明我国旅游产业事实上已经步入了供过于求的阶段。这种供过于求导致的旅游市场无序的、恶性的削价竞争主要体现在以下两方面：一是部分景区的门票价格偏高，我国不少旅游景区的门票价格普遍较高，在门票价格高的旅游景区中，模仿建造的"城""馆"之类的所谓文化景观的门票价格偏高；二是在利益驱动下建立了过多无人光顾的主题公园、县级旅游点，大量地浪费了人力、财力、物力。

（2）旅游景点门票级差定价机制尚不完善

不同等级景点门票价格级差不规范，景点等级与价格标准不协调，比价关系尚未理顺。有的低等级景区采取虚高定价、高额回扣的办法吸引旅行社带团，影响了旅游接待品质。同时，中心城市人文景点门票价格过高，影响了当地居民的消费热情。另外，有些景区还存在门票价格歧视问题，对本地居民实行优惠票或免票。还有一些旅游景区存在随意更改票价、强行投保、强行交纳各种费用的现象。旅游项目重复开发建设。不少旅游企业，为了获取最大限度的市场占有率，完全不考虑利润收益情况，与同行展开恶性竞争，对行业协调造成极大破坏。而另一些旅游企业为了保住或夺回自己原有的市场，纷纷削价参与竞争，如此反复，形成恶性循环，最终导致旅游企业自身利益严重受损，甚至连企业的简单再生产也难以维持。

(3) 门票收入成为相关利益主体收入的主要来源

目前，我国旅游景区的基本收入主要有政府财政投入、门票收入、其他经营性收入等。限于我国的经济发展水平，目前政府财政投入有限。据资料统计[1]，国家每年对177个重点风景名胜区的财政拨款总和仅为1000万元，远远不能维持景区的正常运营。许多景区声称提高门票是为了筹集更多资金保护景区的自然资源和规划更多景点，景区运营所需资金的80%需要从门票中取得。然而，实际上门票收入中的很大一部分并没有投入到景区的保护和规划中。

(4) 非正当竞争手段泛滥

非正当竞争手段的突出表现就是目前我国旅游景区景点回扣现象严重。许多旅游景区景点为多拉顾客，采用了给导游、司机回扣等侵犯消费者权益的做法。一些人造景观更是如此，回扣有时占了票价的一大半，这种做法在客观上提高了票价。短期来看，导游、司机为一己私利可能会拉来一些客人，但长期势必会影响景区的声誉，而且极易造成恶性循环，票价越高，游客越少；游客越少，票价就抬得越高。游客被骗至此，发现票价如此高会觉得非常不值，进而产生反感，对景区景点的高票价更觉难以接受。久而久之，旅游景区的健康发展将受到阻碍。

(5) 管理者对门票价格居高不下的负面影响的认识不足

遗产型旅游景区管理者往往存在一种观念误区，认为景区

---

[1] 国家旅游局：《中国旅游统计年鉴》，中国旅游出版社，2015。

旅游产品具有"独一无二、不可再生"属性，制定再高的景区门票价格消费者都会消费。事实上，尽管近几年来旅游业发展迅猛，旅游市场消费需求剧增，但在消费者看来，旅游景区运营者如果不从提升景区旅游产品质量和服务水平上下功夫，一味依赖提价来压榨消费者，使消费者享受同样的服务需要花费更高的成本，那么消费者的旅游积极性必然会受到极大的打击。一些消费能力相对较弱的消费者，将选择其他的休闲方式来替代旅游消费，即改变自己的消费习惯。此外，对于旅游业而言，旅游景区门票价格上涨意味着旅行社等配套服务机构运营成本提高、旅游产品设计受到约束，从长远来看，会影响旅游业的进一步发展。换句话说，旅游景区门票价格上涨，短期内可以提高景区收入水平，但从长期来看，旅游景区的综合盈利能力将会下降。

（6）旅行社的产业整合能力不足

旅行社是旅游业的专业辅助机构，是连接旅游供给与旅游需求的重要纽带，承担着平衡旅游产业链各主体利益诉求的重任，即旅行社的专业性和效能性可以在极大程度上影响旅游业的健康发展。旅游业是一项涉及主体众多、利益分配复杂的产业，其中旅游景点、旅行社、周边产品制造和贸易商、交通物流、食宿餐饮等都是产业链条上的利益主体。我国的旅游专业机构——旅行社的产业整合能力不足，导致产业链利益主体之间无法实现良性互动、共同发展，始终处于各自为政、各行其道的发展状态。在旅游景区门票价格上，表现为旅游景区运营者为应对成本压力、实现所谓经济效益最大化而不断要求提高景区门票价格，这极大地损害了产业链中其他主体的利益。

（7）旅游产业获利手段单一

在旅游产业链中，涉及消费支出的项目主要有食、住、行、游、购、娱6大块，其中食、住、行、游是必要支出，其价格弹性系数的绝对值往往大于1，而购、娱则属于非必要支出，价格弹性较低，也是影响旅游产业经济效益的主要因素。因而成熟的旅游产业获利模式通常都是以购、娱来反哺食、住、行、游。我国遗产型旅游景区在运营中并未采用这一模式，旅游景区运营者往往缺乏长远发展意识和组织管理能力，更乐意以提高景区门票价格的方式来提升景区经济效益。尽管在这一过程中，旅游景区运营者打的旗号是"保护旅游资源"，但实质仍然是以"提价"这一单一手段来满足地方财政和旅游景区运营者的利益需求。[1]

3. 完善旅游景区门票价格运行机制的政策建议

（1）提高认识，统筹安排

制定门票价格应协调人民群众精神文化需求和景区可持续发展。旅游景区运营者应不断提高自身的理论水平，需要认识到现阶段我国社会发展的主要矛盾依然是人民群众不断增长的物质文化需求同落后的社会生产之间的矛盾。旅游消费直接关

---

[1] 雷宏振、邵鹏、雷蕾：《我国旅游景区门票多目标定价机制研究》，《旅游学刊》2012年第7期。

系到人民群众的切实利益，是建设和谐社会、提升社会主义精神文明的重要内容。加快遗产型旅游景区发展、使更多群众享受到遗产型景区的旅游资源，既是全社会的共同职责，也是旅游景区运营者义不容辞的责任。在国家财力物力还无法完全满足旅游资源折损和服务成本补偿需求的现阶段，景区运营者需要加强统筹安排，通过强化景区商业性运营能力与水平，多渠道提升景区经济收益，以维持景区正常运转、维护景区旅游资源，这也是旅游产品商品属性的根本体现。

（2）协调不同主体利益诉求

目前，旅游业大多采用市场化运营模式，通过积极引入民间资本来解决旅游发展资金问题，以最大限度开发景区旅游资源价值，这就会产生不同利益主体的利益分配问题。遗产型旅游景区的自然、历史人文资源的所有权原则上属于国家，获得的收益也应上缴国家。实践中，由于这些旅游资源大多已经由国家管理转为地方管理，因而地方也应获得一定的管理费用和成本补偿。对于民间资本在旅游景区项目、设施、服务等方面的投资，应给予必要的利润回报。此时，旅游运营者应制定合理的利润分配机制，同时兼顾国家、地方、企业和民间投资者利益，综合考虑景区资源状况、地方财政状况、资本运营状况，合理制定景区门票价格，促使旅游景区可持续发展。对于目前普遍存在的将一部分旅游收入上缴地方财政的要求，应重新进行评估，以避免地方为充实财政一味提高景区门票价格现象的发生。

(3) 完善价格调整机制

完善价格调整机制，主要是合理确定旅游景区门票价格调整幅度和调整期限。市场环境和产业环境总是处于不断的变化过程中，这可能导致景区管理运营成本发生变化，因此调整景区门票价格成为必然。目前，我国旅游景区门票价格实行的是政府指导价管理模式，政府价格主管部门对此有明确规定：调整旅游景区门票价格需要提前2个月向社会公布，同一旅游景区门票价格最多每3年调整一次，调整幅度在原票价基础上控制在15%~35%。这一价格调整机制有效控制了各景区竞相提高门票价格现象的蔓延，实现了政府宏观调控的管理职能。

政府价格主管部门应在此基础上进一步细化门票价格调整机制，针对不同景区制定更为适宜的门票价格调整方案，进一步推行和确保旅游景区"一票制"价格模式的贯彻落实，确保老年人、残疾人、儿童等弱势群体权益。对当地居民实行月票制或年票制，对学生、军人实行半票制或免票制，条件较好的地区的旅游景点和有教育意义的旅游景点可以先行一步，实行免票制等，构建多元化价格形成机制。

(4) 强化价格监管机制

政府相关管理部门应充分发挥宏观调控和行政管理职能，加大旅游景区价格监管力度，并形成长效监管机制，确保遗产型旅游景区健康发展。首先，应完善内审制度。要明确旅游景区计价成本构成，实行分类定价；完善旅游业会计审核制度，大力培养旅游审计人才，进一步规范旅游市场运作。其次，完善门票价格信息报告制度。各旅游景区应在规定时间内将景区门票价格上报国家发改委价格司，由该机构统一审核、通报。对一些价格不合理、群众反响强烈的景区及时进行价格干预，给出整改意见和建议。最后，完善价格听证会制度。价格听证会制度对于非完全竞争市场的价格形成具有重要意义，能够有效保护消费者权益、维护社会安定。旅游业具有非完全竞争市场特征，其门票价格制定恰恰需要通过价格听证制度予以规范。应在听证代表遴选、代表意见表述渠道等方面，进一步完善价格听证制度，不断强化遗产型旅游景区的价格监管水平与监管力度。

四　关于旅游景区门票价格模式的研究

（一）影响旅游景区门票价格模式选择的因素

1. 成本因素

景区经营的成本是影响门票价格高低的关键因素，在景区门票价格模式的确定中起基本的和主体的作用。其内容包括景区基础设施设备建设所需要的费用，开发和维护景区的劳动和资本的投入，景区资源的等级因素和影响力因素，即景区资源本身的价值。细化后分为人工成本、公用设施管理成本、专项开发建设成本、其他成本等。

2. 利润因素

在市场经济的体制下，景区需要自负盈亏，因此必须适当地发挥其经济价值,景区拥有正常利润是正常的。景区的正常利润是指景区门票总收入扣除各项有关业务支出的剩余部分,扣除向政府缴纳的税金、贷款利息、保险费用以后所获取的正常净利润,在景区门票价格确定中主要起价格修正和微调的作用。

(二) 旅游景区门票价格模式的选择

旅游景区门票价格模式是指对旅游景区开发时的价格制定行为和经营过程中的价格调整行为进行描述的总体框架。现有景区的定价行为可归纳为七种模式。

1. 主体效益导向模式

所谓主体效益导向的价格模式,是指景区门票价格的制定和调整完全从自身的经济利益出发,通过经营成本、经营收入以及景区效益目标的差距来确定价格的行为方式。用公式可以简单地表示:价格收入－经营成本＝景区效益。

2. 功能管理导向模式

功能管理导向模式,又叫中性定价模式,是指景区门票价格的制定要以特殊功能的实现为依据,而不是简单地从景区的经济效益出发。

3. 营销策略导向模式

营销策略导向定价模式,又叫柔性定价模式,最具有变通性和灵活性,以旅游景区的市场竞争策略和发展战略为依据来制定价格。

4. 有偿实施经营权出售模式

风景区的经营权同一些商业性质的经营权有所不同，因此，旅游风景区需要依靠专营的体制实现门票价格的科学确立。[①] 目前，一些旅游风景区在进行定价的过程中，对定价可能造成的混乱局面缺乏足够的关注，使得经营权的出售存在一定的乱象。因此很多政府部门加强了对风景区经营权转让环节的关注，并完善了相关监督管理机制，使风景区经营获得了充分的财政支持和保障。

另外，经营权的有偿下放还使得政府在公益性因素的管理方面具备了更大的主动性，如果为获得风景区经营权而提供资金的企业或个人未能履行相关公益性承诺，政府则可以通过回收经营权的方式对其进行惩戒，一方面能够保证企业单位按照法律规定开展经营活动；另一方面又能保证风景区在创造经济效益的同时获得足够的社会效益。[②] 另外，政府部门在此过程中可以更好地将管理任务渗透到风景区的门票定价领域，使风景区能够更好地进行管理机制的完善，既能够提升租赁程序的规范性和科学性，又能使国家更好地实现对风景区自然资产的有效保护，使风景区在更长的时间内发挥高水平的社会效应。

[①] 严泽民：《对完善我国旅游景区门票价格形成机制的探析》，《价格理论与实践》2010 年第 9 期。

[②] 秦杨：《国家级风景名胜区门票价格研究》，东北财经大学，硕士学位论文，2005。

5. 行政单位和企业单位权益划分的模式

政企分开是当前我国政府部门推行的一项重要工作，在风景区的管理领域，明确企业和政府机构的具体权力和责任也是一项重要的工作。目前，我国很多地方政府在进行风景区管理的过程中，都以定价机制为基础对风景区经营权进行有效管控。在一些公益性事务方面，政府部门下辖的管委会等机构主要负责风景区的规划设计和行政管理工作，而风景区的具体游客服务工作和一系列营利性工作，则需要通过企业单位进行操作。因此，对风景区的自然景观资源和人文景观资源的管理工作主要由管委会完成，而企业单位在其中承担的工作主要是经济效益层面的工作。因此，在风景区引进现代经营管理体制的过程中，政府部门要更好地对公益性社会事务进行管理，而企业单位，则更多地使用适应现代市场经济模式的方法为风景区创造更大的经济效益。

6. 经营权和管理权分离的模式

当前，旅游风景区由政府主导的模式依然广泛存在，一些旅游风景区的管理工作涉及重要的自然景物保护工作和人文景观建设工作，一些社会性质的企业单位并没有能力承担相应的工作，使政府部门只能沿用传统的方法对景区进行设计和管理。另外，政府部门在实施管理的过程中，对门票的定价具有较高的关注度，虽然风景区的创收方式多种多样，但门票是其中最为直接也最为简单的管理因素。因此，政府部门在风景区门票管理方面构建了较为完善的法规和政策。

另外，政府部门在执行风景区经营性权益下放的过程中，采用统一管理的模式对风景区管理过程中的各项职能进行了分析研究，使风景区可以在更大程度上提升管理模式的科学性。[①] 目前，很多风景区的治理机构拥有较为完整的门票管理权，并可以独自行使门票的收益权和具体支配权，使企业单位能够在管理风景区的服务性事务的过程中以自负盈亏的方式承担有关经济责任，使市场经济模式的有利因素能够对风景区的建设和服务产生积极影响。

7. 股份分成模式

首先，政府和企业在进行风景区常规管理的过程中，使用统一协调的方式进行常规性事务的管理工作，使当前的股份分成模式能够在顺应管理模式的过程中得到快速的推进。其次，政府管理机构将风景区门票作为资产的组成部分，并对门票的经营权进行了属性分析，在保证风景区具备国家所有权性质的前提下，对门票相关的风景区效益分配情况进行了设计，使得风景区的门票不仅能够支持政府的财税征收需要，而且能够在经营性社会事务的带动下实现经济效益的提升。

最后，对于一些已经使用上市方式完成资本累积的风景区经营单位，股票分层模式能够使上市公司的当前各项效益的分配权得到明确，使现有的各类管理部门能够更好地适应股权所有体系的运行要求，对门票的定价机制进行规范化处理。

---

① 孙永龙：《论我国旅游景区经营权转让》，广西师范大学，硕士学位论文，2007。

第三章 旅游景区门票价格机制优化的理论分析

一 优化的理论基础

(一) 博弈论和纳什均衡理论

1. 博弈论

博弈论（Game Theory）是指单个人或某个团体或组织，在面对一定的环境条件，并受一定的规则约束下，分析所掌握的信息，同时或先后，一次或多次，从各自允许选择的行为或策略中进行选择并加以实施，并从中各自取得相应成果或收益的过程。[1] 根据参与者能否提出具有约束性的建议，以方便集体行动，博弈理论被划分为两种，一种是合作博弈，另一种是非合作博弈。这两种博弈理论最大的不同在于参与者是否能达成一个具有约束力的协议，使参与者的行为和相互作用在这个

---

[1] 秦杨：《国家级风景名胜区门票价格研究》，东北财经大学，硕士学位论文，2005。

协议的约束下进行，合作博弈侧重的是团体理性，即看重的是整体最优，强调的是效率、公正、公平，而非合作博弈强调的是个人理性、个人最优决策，其结果很可能是个人理性行为导致集体的非理性行为，现在经济学家谈到博弈论，一般指的是非合作博弈。

2. 纳什均衡理论

纳什均衡又被称为非合作博弈，纳什证明出在有限个局中人参加的有限个对策中，至少存在一个所有参与人的最优战略的组合。纳什均衡主要指的是在没有外在的强制力约束的情况下，参与者按照有效力的制度安排而各自进行最优化决策所构成的策略组合结果。[①] 总之，博弈论研究的核心内容是如何在真正的知己知彼条件下进行策略筹划，也就是说不仅要对自己所面临的情况了如指掌，而且要考虑到所有参与者的可能采取的各种策略以及当其发生变化时产生的相互影响。

目前博弈理论被越来越多地应用于经济等领域，旅游业中的热点问题如景区门票涨价、景区开发管理等都可以运用博弈论去分析，并从中找到解决的办法。

（二）生态补偿理论

人类社会的发展过程包含两个系统：社会经济系统和生态

[①] 王晓敏：《博弈论视角下的旅游景区门票定价研究》，重庆师范大学，硕士学位论文，2012。

环境系统。两大系统间不断地进行着物质与能量的交换，其联系十分密切，伴随人类社会的发展进程，人类不断地从自然环境中利用自然资源作为原材料，进行加工组织再生产，不断消耗利用自然资源之后将其废弃物放回大自然，自然资源不断使人类获得满足和效用，根据效用价值论，它们是具有效用的，然而回顾人类工业发展的历史，要使社会经济系统健康有序地发展，就需要维持自然生态系统的平衡，自然生态环境系统必须从社会经济系统中得到生态补偿，包括价值量补偿与实物补偿等。[①] 根据生态补偿理论，我们总结归纳一个结论：自然旅游资源被人类不断地开发成旅游产品，大量游客后续的游览，会对其造成一定的破坏，因此为了获得旅游资源的可持续性利用，在这过程中需要一定的投入和补偿来维持。

因此，在探讨景区的门票价格及其影响因素时，不仅要考虑景区经营单位的投入成本包括维修费用、劳动费用、物资费用等，而且要将在资源环境成本方面的投入视为一项重要因素考虑进去。

（三）效用价值理论

西方学者普遍认为效用价值论阐述了一切经济活动的源泉是人的欲望的满足与实现，这一点成为相关经济学分析的

---

① 李雪梅：《公共资源型景区门票价格及其影响因素实证研究——以浙江省为例》，浙江财经大学，硕士学位论文，2015。

源泉。判断一件物品是否具有效用或具有价值，衡量的标准在于这一物品在满足人的欲望方面是否起显著的作用，如果能够满足人的欲望，则确定是稀缺的物品，由于稀缺的物品数量有限并且珍贵，能够得到人们的足够重视，因而判定其是有价值的。

根据以上效用价值理论的内容，得出以下结论：自然旅游资源具有稀缺性，因其对人们审美、心理等的满足具有重要影响而具有价值，但由于该旅游资源的有用性及稀缺性，会随着科学技术及时空变化而发展变化，因此自然旅游资源的价值及效用水平也会发生相应的变化，进而用来反映景区旅游资源价值的门票价格也会有所变动。但是由于"效用"及"满足程度"普遍带有强烈的主观意识及个人偏好，因此其价值及价格水平难以直接估计，关于价值及效用水平的核算成为学术界探讨的难点。

在景区门票的定价过程中，应将自然旅游资源的价值作为衡量门票价格水平的重要尺度，从资源的优美度、奇特度、历史悠久度、带给人的审美度等角度反映旅游资源的价值，并将其归纳为资源特色因素。[1]

（四）劳动价值理论

马克思在其政治经济学理论中，把价值定义为凝结在商

---

[1] 李雪梅：《公共资源型景区门票价格及其影响因素实证研究——以浙江省为例》，浙江财经大学，硕士学位论文，2015。

品中的无差别的人类劳动,这反映了商品生产者之间的交换关系。运用马克思"劳动价值论"来考察景区资源的价值,就是要看景区资源是否凝结着人类的劳动。对于一些人造旅游资源来说,其中必定含有人类的劳动,这部分价值是可以用价格来衡量的。但是自然资源和环境是天然形成的,一直被人们认为是"无偿资源",其实不然。严峻的资源和环境问题已经说明,资源和环境仅仅依靠自然界的自然再生已远远不能满足旅游业快速发展的需求,需要人类付出一定的劳动,投入大量的人力、物力、财力,参与自然资源的再生产和生态环境的保护,于是自然资源和环境在成为旅游产品之时也被赋予了人类劳动。

这样一来,旅游景区可以根据"劳动价值论"来对旅游资源进行价值评价,并根据价值大小制定门票价格。

（五）市场价格理论

在经济学中,商品价格是由价值决定的,但是市场中的供求机制导致价格不断围绕价值上下波动。任何商品的价格都会受到供求关系的影响而不断变化,作为旅游产品的旅游景区,其门票价格也同样受到旅游市场上供求关系的影响。但是,旅游资源又跟普通商品不一样,由于旅游资源的稀缺性和弱替代性,其市场需求往往大于供给,所以其价格会不断上涨。旅游景区特别是一些垄断性的景区,其市场需求呈刚性状态,因此景区会因为市场需求的不断增加而调高门票价格。[1]

二 旅游景区门票价格形成的基本原则

(一) 价格反映价值

旅游资源中那些非独一无二的人造景观的价值可由投入的物资和劳动量来衡量,但那些历史遗产、文物古迹、社会风尚、民俗文化以及各种吸引物的价值量不能单纯地根据投入的劳动量多少而定,这些旅游资源的价值量要考虑其特有的历史价值、社会价值、美学价值及科学价值等。因此景区门票价格要根据价值等级实行分等定价,使价格反映价值。

(二) 价格要有利于旅游资源的保护和利用

旅游资源是景区发展的根本,旅游资源的保护和利用是实现景区可持续发展的保障,在现行景区自收自支的情况下,景区旅游资源的保护和利用只能从景区门票收入中获得,因此景区门票价格的制定要以有利保护、利用旅游资源为重要前提。一般情况下,对保护性开放的重要文物古迹、大型博物馆、重要的风景名胜区和自然保护区,门票价格按有利保护和适度开发的原则确定;对与居民日常生活密切相关的城市公园等,门票价格按照充分考虑居民承受能力、适当补偿成本费用的原则

---

[1] 谢培培:《国内旅游景区门票价格形成机制与价格管理研究》,成都理工大学,硕士学位论文,2011。

确定；各级地方价格部门管理的旅游景区门票价格不应高于上一级价格部门管理的同类游览参观点门票价格。[①]

（三）价格要反映旅游市场需求

在市场经济条件下，供求关系对价格有着重要的影响。旅游市场需求同景区门票价格的关系跟其他商品的需求与价格的关系一样，即在通常情况下，旅游需求量同旅游门票价格呈反方向变化，当景区门票价格上涨时，旅游需求量就会减少；当景区门票价格下降时，旅游需求量就会上升。在不考虑其他因素的前提下，人们在一定时期内的旅游需求量随着景区门票价格的升降而呈相反方向变化的规律，可用图 3-1 表示。

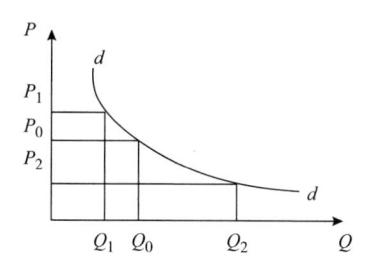

图 3-1 旅游需求与景区门票价格关系曲线

在图 3-1 中，横坐标表示旅游需求量（Q），纵坐标表示景区门票价格（P），景区门票价格和旅游需求量是一一对应的，从而形成了旅游需求——门票价格曲线 dd，这是一条以

[①] 杨剑川：《从社会福利最大化角度出发，合理制定我国世界遗产类景区门票价格》，西南财经大学，硕士学位论文，2007。

横纵坐标为渐近线的曲线。当景区门票价格为 P_0 的时候，旅游需求量为 Q_0；当价格从 P_0 涨至 P_1 时，需求量会减少到 Q_1；当价格从 P_0 降至 P_2 时，需求量会增加到 Q_2。[①] 旅游市场需求具有季节性，所以景区门票价格制定也要反映这种季节变化，实行淡旺季差价。不同景区的价格制定需要考虑旅游需求量的不同，一般而言，知名景区的市场需求量大，门票价格就会相对高一些；一般景区的市场需求量小，门票就会低一点。

（四）景区门票价格的定制要考虑旅游者的利益

景区门票价格不能高于居民的消费能力，否则旅游者就会因为无法支付高额费用而放弃旅游活动，换言之，就是景区高门票剥夺了他们的旅游权利。所以，景区门票价格要符合人们对景区价值的认识。[②]

三　旅游产品价格形成机制探讨

（一）"劳动价值论"下的价格形成机制

"劳动价值论"认为价值的唯一源泉是人的劳动，因而价值量的大小取决于生产过程中所消耗的社会必要劳动量。商品价格一直是经济理论界所研究的重要内容，毋庸置疑，商品价格

[①] 黄羊山编著《新编旅游经济学》，南开大学出版社，2010。
[②] 严岗：《景区门票价格对旅游者消费的影响及认识误区》，《重庆工学院学报》2003 年第 3 期。

以其价值为基础，价格是其价值的货币表现。旅游商品价格属于旅游经济学或旅游市场学所研究的主要对象之一，在现今众多的旅游经济学和旅游市场学的论著中，基本上都是借用商品价格构成的普遍性含义，即旅游商品价格＝生产成本＋利税（利润与税金）。如林南枝、李天元认为，"同其他商品一样，旅游商品价格是由旅游产品所包含的社会必要劳动时间的耗费，即价值量的大小来决定的"。[①] 由此可以看出，在价格构成中的生产成本或价格中的价值基础所包含的意义指的是在生产过程中消耗掉的劳动成本，即生产该旅游商品所投入的社会平均劳动成本。

然而，当今商品日新月异，决定其商品价格的价值的内涵也有了新的变化。旅游资源的重要组成部分，自然资源和环境，一直被人们认为是"无偿资源"，经开发商的利用，即成为旅游产品，如武陵源风景区（张家界、天子山、索溪峪），它的主体无疑就是张家界、天子山和索溪峪的自然旅游资源。作为这些旅游产品，它们的主体显然应该是天然产品，其中不包含任何人类劳动成分。显然，这种方法在计算自然旅游资源的商品价格时，没有将资源本身的价值囊括进去。旅游资源应该包括旅游对象物本身及社会对其所赋予的旅游价值两个层面的内容。在实际操作中，大多数以自然资源为主体的景区门票价格，主要考虑的是开发成本和盈利，

[①] 林南枝、李天元主编《旅游市场学》，南开大学出版社，1995。

如武陵源风景区的门票价格每张票为 158 元，其中资源保护费仅为 8 元（还是从 2000 年 9 月才开始收取），其余为开发成本费用、盈利和附加税费。应该说武陵源风景区的管理者具有一定的有偿使用生态旅游资源的意识，在门票的价格构成中体现了部分生态旅游资源的价值，但相当多的旅游管理者和经营者还没有这种意识，许多自然旅游资源景区的门票价格构成中未有这一项费用。

（二）"效用价值论"下的价格形成机制

"效用价值论"是从物品对人的欲望的满足能力出发，从主观心理角度来解释价值及其形成过程的理论，即根据消费者的消费取向定价。李金昌认为不论是否有人类劳动，自然资源都是有价值的，认为价值首先取决于它的有用性，其大小则取决于它的稀缺性（供需）和开发利用条件。[1] 自然旅游资源是天然形成的，不涉及人类的劳动，因而此类旅游产品的价值不应该完全由人类的劳动量来决定。

其一，资源最初作为商品开发时，其开发的基础主要依据资源本身的价值来确定，依赖于它所拥有的生态价值和社会价值，如它的科学价值（包括地质地貌、水文气候、森林植被、生物群落、历史变迁、生态环境等）、美学价值（包括形象

---

[1] 柏宁、臧岩：《旅游产品价格形成机制及旅游景区门票价格初探》，《东北财经大学学报》2008 年第 1 期。

美、色彩美、动态美、综合美)、稀有性价值(独特性或稀缺性),这些价值可以通过多种资源评价体系的评价结果和考察结果来界定。这些自然属性的价值,人类社会未投入任何劳动,若按传统的"劳动价值论"来衡量,这些商品是无价值可言的,但它们的自然价值实实在在地存在。

其二,生态旅游开发和经营管理必须遵循的原则是,在开发的过程中不允许对生态旅游资源进行人为改动,改动越多,其价值越小;相反,其价值越大。国家风景名胜资源的价值构成表明,其"经济价值"(直接使用价值)只占全部价值的很小部分,而其"非经济价值"(非直接使用价值、选择价值、存在价值)才是价值构成的主体,或者说占据着绝大部分的价值。占据很小份额的经济价值(如吸引游客)却深深地依托于那些并不为大众所熟知的、具有丰富内涵的非经济价值。[1] 人们在对自然旅游资源景区门票价格定位时,理论上没有确立自然旅游资源本身价值的地位,在实际操作中,就没有拿出适当比例的资金来弥补"再生产"和"折旧"的成本费用,即环境保护和环境损耗的成本费用。同时,人们在进行价格定位时,难以对它本身所具有的价值做出恰当的评判。人们主要是通过与相应旅游资源的门票价格进行比较来评判,或者是通过加强对游客的吸引力来评判,而不是以它自身的价值来评判。这样一

---

[1] 中国社会科学院环境与发展研究中心课题组:《国家风景名胜资源上市的国家利益权衡》,《旅游学刊》2000年第1期。

来，价格构成中的价值主体仅仅考虑了开发时的劳动成本，除了劳动成本和税费之外，将其余部分作为盈利来处理，即把原属于购买自然价值的那一部分费用变成了劳动所创造的价值，而完全忽略了商品本身所具有的自然价值。由此人们认为自然旅游资源是人们所拥有的一种自然资源，本身无价值可言，是开发建设赋予了其价值。因而，人类可以无偿地占有它，谁占有了它，它就属于谁，在经营（生产）上，不存在"再生产"和"折旧"，任凭或加速它自生自灭，比如，对门票价格的定位不考虑对游客的人数限制，而只是考虑其价格对游客的吸引力，希望价格的定位能吸引更多的旅游消费者，以至于旅游污染物的产出量超过了旅游地生态系统的净化和吸收能力。旅游人数的无限制增长，使旅游地接待设施不足，进而出现在生态旅游区侵占绿地植被、建设大量旅游设施、破坏自然景观的现象。这种状况必然加速自然生态环境的退化，使生态旅游资源的价值逐渐丧失。由此可见：自然旅游资源的价格＝旅游资源价值＋开发及流通费用成本＋利税。[①]

（三）"市场价格理论"下的价格形成机制

在经济学中，商品的价格是由价值决定的，价格受供求关系的影响上下波动。旅游资源被开发为旅游产品，其自身价值

[①] 柏宁、臧岩：《旅游产品价格形成机制及旅游景区门票价格初探》，《东北财经大学学报》2008年第1期。

在很大程度上决定了旅游景区门票价格的高低，同时，景区的门票价格随着旅游市场上供求关系的变化而变化。当市场需求大于市场供给时，门票价格就会上涨。当市场需求小于市场供给时，景区门票价格就会下降，最终达到市场均衡。与一般商品不同，旅游资源的弱替代性、稀缺性，使旅游市场需求普遍大于市场供给，从而易导致景区门票价格的不断上扬，这是当前众多景区门票价格普遍上涨的原因之一。如图3-2所示，需求人数 Q_D 大于供给数，此时的门票市场价格是 P_1，$P_1 > P_e$（市场均衡价格）。同时，景区门票价格的上涨，使得部分游客选择门票更低的其他景区，因而控制了本景区游客人数。

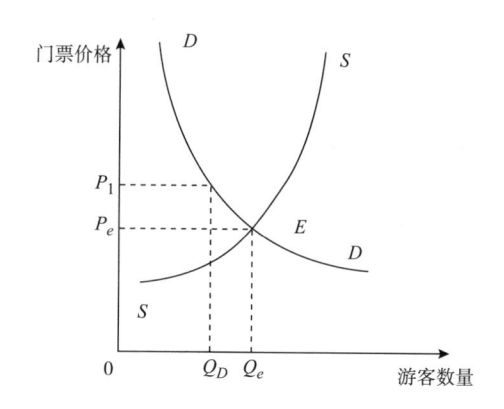

图 3-2 旅游市场门票价格

根据以上分析，游客人数对门票价格具有一定的影响，同时门票价格也起到了控制景区游客数量的作用。

（四）"外部性"下的价格形成机制

外部性是指生产者或消费者的行为对社会上其他人的福利

产生影响,却没有承担相应的成本或得到相应的收益。外部性具有两面性,可分为外部经济和外部不经济。以外部不经济为例,在完全市场竞争条件下,外部不经济会造成资源配置失当。如图3-3所示,水平直线D=MR是经营单位的需求曲线,同时也是边际收益线,边际成本曲线则为MC。由于开发利用的外部不经济(如污染)的存在,景区经营单位及游客对景区环境造成破坏和污染,因而应该承担一部分费用,从而社会的边际成本大于私人的边际成本。因此,私人边际成本曲线在社会边际成本曲线的下方,社会边际成本由虚线MC+ME表示。边际外部不经济,通常指经营单位过度开发或生产,从而使社会其他人的成本增加。竞争单位为了追求利润最大化,在边际收益等于边际成本处确定供给量,即Q_2,然而只有边际收益等于社会的边际成本,才能使社会利益达到最大产量,即Q_1,因此外部不经济会使供给量过多,而无法达到帕累托最优状态。

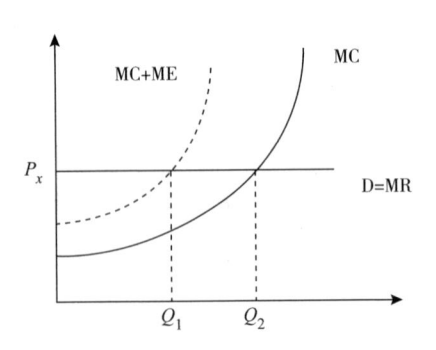

图3-3 外部不经济平衡

旅游市场是外部效应非常显著的一个领域,尤其是公共资源型景区。公共资源型景区的绝大部分旅游产品及服务带有很强的外部性。公共资源型景区具有公益产品（服务）的两个基本特征，即非竞争性和非排他性。景区一旦被开发利用，便会使众多受益者从中获得相应福利（如消费流入或生态服务），同时相应地增加一个游客并不影响其他游客的部分福利。由于公益服务客观条件的限制，即使消费者处于被动消费，也无法拒绝。如通过改善公共资源型景区，对城市湖泊（如西湖）水质进行治理及完善相关设施，使当地居民可以享受清新的空气、洁净的水源以及便利的交通，他们不能拒绝这一福利，但也不为此付费。公共资源型景区的外部不经济主要体现在两个方面：一是拥挤；二是环境污染。拥挤作为有限的环境容量与日益扩大的消费规模之间的矛盾，是游客施与游客的外部不经济性；在公共资源型景区旅游资源开发利用中，随着游客人数增加而逐渐造成的环境污染，在很长一段时间内被外部经济性掩盖，如果显现出来，则意味着难以修复。

四 发展的模式分析

（一）主体效益导向模式[①]

所谓主体效益导向的定价模式，是指景区门票价格的制定和调整完全从自身的经济利益出发，通过经营成本、经营收入

[①] 曹宇飞：《旅游景区门票定价机制的优化研究》，《旅游纵览》（行业版）2011 年第 8 期。

以及景区效益目标的差距来确定价格的行为方式。用公式可以简单地表示：价格收入－经营成本＝景区效益。

一般而言，采用主体效益导向定价模式的景区大多收入来源较为单一，或者处于发展的早期阶段，景区产品层次低、类型少、规模小。在我国，由于部分景区，如以自然资源为主的观光型旅游景区，内部资源没有充分盘活，因此收入来源十分单一。这些景区的门票的收入往往占据了景区收入的绝大部分，是其经济效益的主要渠道。此时，旅游者进入景区的消费金额也就仅限于购买门票，对武汉某景区的游客抽样调查显示，旅游者停留时间为0.6天，而景区内人均消费只有1元，正是这种情形的真实写照。

随着景区的不断发展，其经营成本也在不断上升，这最终会推动景区价格不断上扬。因此，主体效益导向定价模式具有向上的价格刚性，即采用该模式的景区其价格只会上升不会下降，故该定价模式也可以被称为刚性定价模式。最近几年我国旅游景区门票普遍上涨的原因也部分归结于此。

反观国外旅游景区，由于其注重景区旅游产品开发的创新、功能的提升以及服务的完善，因此景区具有多元化的收入来源。有专家分析指出，美国旅游景区中平均餐饮收入占景区总收入的35.4%，娱乐收入占15.8%，购物收入占5.5%，住宿收入占19%，这样的景区收入分布结构为景区价格提供了广阔的活动空间。因此，国外的旅游景区往往可以通过灵活机动的价格策略来降低景区的进入门槛。

（二）功能管理导向模式[①]

旅游景区与一般商品不同，它在为旅游者提供旅游服务的同时还具有某些特殊的社会、经济和生态功能。因此，这种特殊功能占主导地位的旅游景区在制定价格上通常采取功能管理导向的定价模式。功能管理导向模式，又叫中性定价模式，是指景区门票价格的制定要以特殊功能的实现为依据，而不是简单地从景区的经济效益出发。

如博物馆类旅游景区肩负着知识传递的社会责任，其在制定价格时要考虑能让大多数人有能力支付，在这方面国外通行的做法是规定博物馆的免费参观日。目前我国部分城市公园免费对市民开放或设立免费日接待市民，以期为市民提供更好的生活游憩环境。对于那些肩负保持区域生态环境责任的旅游景区，如江南水乡周庄、九寨沟、神农架等，为了限制旅游者过多地干扰景区生态环境，景区在价格制定上可以将生态保护成本转移到旅游者身上，通过高定价来实现对旅游景区环境和资源的保护。

可见，功能管理导向定价模式相对于主体利益导向模式而言具有相对的灵活性，但是其价格的制定也并非随心所欲，而是以特定的目标为依据，所以该模式按照其定价的灵活性也可被称为中性定价模式。

[①] 李玺:《旅游景区定价模式优化研究》,《价格月刊》2005 年第 4 期。

(三) 营销策略导向模式

该定价模式最具有变通性和灵活性，为国外大多数景区所采用，以旅游景区的市场竞争策略和发展战略为依据来制定价格。此时，价格成为旅游景区参与市场竞争和进行市场营销活动的有力工具，通常也将该模式称为柔性定价。在该定价模式框架下，景区价格表现为各种不同的形态，如为平衡景区经营淡旺季而制定的时间和季节差价，针对不同客源市场设计的区域差价，为旅游景区内部产品整体促销而制定的套餐价，为促使旅游者关注而制定的"眼球价"，为吸引儿童家庭设计的"儿童免费、家长半价"等，这些定价方式与景区的营销和经营目标相结合，是景区参与市场竞争的结果。随着我国旅游景区市场化运作方式的日趋成熟，我国景区的营销策略导向定价模式也逐渐凸现出来。

(四) 质量导向模式

旅游景区质量导向门票定价模型的优化[①]从"景区特色""景区规模""服务质量""利润率"4个模块入手，在此基础上设定次一级的17个价格因子，根据这些因子对门票价格产生影响的重要程度，对其分配不同的权重值。其中"景区特

---

① 朱晓辉：《基于质量导向的旅游景区门票定价模型优化与实践——以云南旅游景区为例》，《学术探索》2015年第7期。

色""景区规模""服务质量""利润率"的权重值分别是 0.45、0.15、0.30、0.10。而"景区特色"包含的价格因子有产品品位度、产品完整度、历史文化科学价值、产品组合度、资源珍稀度、景观奇特度、产品美誉度与产品知名度,其权重比例分别为 18%、6%、4%、10%、17%、16%、15% 与 14%;"景区规模"包含的价格因子有游览面积,其权重比例为 100%;"服务质量"包含的价格因子有旅游交通、游览服务、旅游安全、卫生、通信、游览购物与综合管理,其权重比例分别为 15%、25%、10%、15%、5%、15% 与 15%;"利润率"包含的价格因子有景区利润,其权重比例为 100%。

景区特色,是指景区内自然、民族旅游资源显示出的稀有性、悠久性以及地域差异等固有属性和人为创造并能与固有属性融为一体的创新性旅游资源。特色旅游景区,不仅能满足游客的观光需求,而且能在休闲度假、养生养老、康体健身等方面对游客产生巨大吸引力。因此,产品特色是景区赖以生存和发展的命脉,是衡量景区质量的主导指标。为科学量化景区特色的等级,将景区"特色"分解为"产品品位度""产品完整度""历史文化科学价值""产品组合度""资源珍稀度""景观奇特度""产品美誉度"和"产品知名度"8 个因子,将每个因子又分为 5 个等级,将每个因子的每个等级按照层次分析法赋予相应的权重值。由于每个因子均被分为 5 级,评价指标多为主观性评价,因此为保证评价的科学性,建议采用李克特量表评价法,由多位评价者对各项指标的态度倾向或者满意度进行评价。

景区规模指旅游区内游览面积的总和，是游客在景区内的游览组织方式合理与否的最佳体现，是景区质量是否优质的一项指标。

景区服务质量的优劣直接影响游客对景区的感知效果，是衡量景区整体质量的一个重要指标，因而也是构成景区门票价格的基本因素之一。如何衡量服务质量的优劣，我国国家标准《旅游景区质量等级的划分与评定》（GB/T17775 – 2003）为解决旅游景区服务质量指标量化的难题提供了理论依据和可行措施。

景区利润率是旅游景区总收入（含门票收入及其他经营收入）与景区净利润的百分比。景区利润率是旅游景区品质等级的重要指向标，同时景区获得较高利润也能够为景点建设提供经济支撑，从而实现景区的持续发展，因此，利润率也是景区门票价格的因素之一。

以此从"景区特色""景区规模""服务质量""利润率" 4 个模块入手，基于质量导向定价，优化景区门票定价模型。

第四章 云南省旅游资源特征及景区管理分析

一 云南省旅游业发展现状

云南省作为我国西南边陲旅游资源最为富集的地区之一，一直以来以美丽神奇的自然风光、绚丽多姿的民族风情、源远流长的历史文化、多元包容的宗教信仰吸引着众多海内外游客。一些旅游资源已经成为"七彩云南"这张旅游名片的重要组成部分，如四季如春的气候条件、丰富多彩的少数民族文化、神秘壮丽的喀斯特岩溶地貌、雄伟壮观的雪山冰川、广阔独特的热带雨林、众多珍奇的野生动植物等。云南旅游业从20世纪70年代末开始发展，今天已成为云南省重要的经济产业和支柱产业，对云南社会经济文化发展起到至关重要的作用。

（一）云南省旅游业的发展历程

云南省旅游业起步于20世纪70年代末，是我国较早进行旅游开发的地区之一。云南省旅游业的发展大致经历了以下几个阶段。

1. 旅游产业起步阶段（1978~1988年）

云南省于1978年成立了旅行游览事业局，在全省较早地对一些得天独厚的地区进行旅游开发，开始对旅游产业进行有计划的扶植和发展，成为全国最早一批旅游开发的地区。1986年，云南省政府首次将旅游产业作为云南的重要产业之一，写入政府工作报告。1978~1988年，云南省接待国内旅游者由13万人次增加到129万人次；接待海外旅游者由1299人次增加到12万人次，旅游外汇收入由83万美元增加到1300万美元。但是，由于改革开放刚刚开始，旅游市场化的程度还相对较低，旅游产业仍然由政府完全主导，以单纯的事业型接待服务为主，旅游部门还属于"非生产性"的事业部门。

2. 经济产业建设阶段（1988~1995年）

1988年，云南省政府召开了七届人大一次会议，在政府工作报告中首次提出了"要把旅游业作为一大产业，搞好规划，全面开发"。这不仅确立了云南省旅游产业在经济结构调整和发展中的重要地位，而且将云南旅游产业的发展带进了高速发展的阶段。在1992年邓小平南方谈话和党的十四大精神指引下，云南省政府又下发了《关于大力发展旅游业的意见》，明确提出"要使旅游业发展成为一项重要的经济产业"。1988~1995年，云南省接待国内旅游者由129万人次增长到1622万人次，年均增长43.6%；接待海外旅游者由12万人次增长到60万人次，年均增长25.8%；旅游外汇收入由1300万美元增加到 1.65 亿美元，年均增长 43.8%。随着云南省旅游产业从"接待事业型"向"经济产业型"转变，云南旅游经济一跃进入全国旅游发达省份之列。

3. 支柱产业建设阶段（1995~2005 年）

1995 年，云南省第六次党代会决定将旅游产业列为全省四大支柱产业，不仅进一步确立了旅游产业在云南国民经济和社会发展中的战略地位，而且揭开了云南旅游支柱产业建设的序幕。随后，云南省在把旅游产业纳入经济和社会发展总体战略进行部署和实施的基础上，成立了省旅游支柱产业领导小组，充实和加强了省旅游局力量，还在全省各地、州（市）及主要旅游地区成立了旅游行政管理机构。同时，省委、省政府进一步加大了对云南旅游产业的发展指导和支持力度，如 1996 年省委、省政府出台了《关于加快四大支柱产业建设的决定》；1997 年云南省第八届人民代表大会常务委员会第二十八次会议通过了《云南省旅游业管理条例》；2000 年云南省政府邀请世界旅游组织帮助编制《云南省旅游发展总体规划（2001~2020）》，开创了国内先例；2004 年省委、省政府在全省旅游产业发展大会上制定了《关于进一步加快旅游产业发展的若干意见》、《云南旅游发展倍增计划（2004~2010年）》和《云南省"十一五"旅游发展规划》。1995~2005 年，云南省接待国内旅游者由 1622 万人次增加到 6860.74 万人次，国内旅游收入从 47 亿元增加到 386.15 亿元，年均分别增长 15.5% 和 23.4%；接待海外游客由 60 万人次增加到

150.28万人次，旅游外汇收入由1.60亿美元增加到5.28亿美元，年均分别增长9.6%和12.7%。旅游产业对云南省国民经济和社会发展的作用愈加明显，旅游产业的支柱地位进一步得到巩固。

4. 云南旅游"二次创业"阶段（2005年至今）

2005年，面对国内外旅游市场竞争日益激烈的态势和西部地区各省份加快旅游产业发展的局面，云南省出台了《云南省"十一五"旅游发展规划》，全面总结云南省旅游产业取得的成绩和经验，肯定政府主导建设旅游支柱产业的经验，全面启动云南旅游产业"二次创业"，提出以"优化结构、转型升级、提质增效"为主线，用"大产业、大文化、大服务、大市场、大环境"的理念谋划、指导和组织云南旅游产业又好又快发展。2008年，制定了《云南省旅游产业发展和改革规划纲要（2008~2015）》；2011年，云南省委、省政府与国家旅游局签订了《关于建设面向西南开放重要桥头堡，共同推进云南旅游产业跨越式发展会谈纪要》，确保云南旅游产业在全国的优先发展地位；2015年，国家出台的《推动共建丝绸之路经济带和21世纪海上丝绸之路的愿景与行动》明确提出，要发挥云南区位优势，打造大湄公河次区域经济合作新高地，建设面向南亚和东南亚的辐射中心，进一步推进云南与南亚、东南亚国家的旅游合作，促进大湄公河次区域、孟中印缅经济走廊建设。

云南旅游产业"二次创业"以来，通过旅游重大项目的开发建设，有效地推进了旅游产品的升级换代和旅游产业结构的优化调整，云南旅游产业由观光型旅游逐步向休闲度假、康体健身复合型旅游方式转变，并依托"七彩云南·旅游天堂"这一品牌，努力实现将云南建设成旅游经济强省和"中国一流、世界知名"旅游目的地的发展目标。

（二）云南旅游产业"二次创业"以来所取得的成绩

自 2005 年云南省委、省政府提出旅游产业"二次创业"重大决策以来，云南省采取了一系列有力的政策和措施加快推进旅游发展，云南旅游产业无论是从规模上还是从质量上都有了极大的提升，主要旅游经济指标实现了翻番，"七彩云南·旅游天堂"的知名度不断扩大，省内交通基础设施不断改善，为云南旅游产业在"十二五"期间得到更大发展打下了坚实的基础。

1. 旅游经济持续快速增长

自 2005 年以来，云南省积极推进旅游产业转型升级，取得了显著的成绩，旅游产业越来越好地发挥其经济带动作用。2005~2015 年，云南省旅游总收入由 430.14 亿元增加到 3281.79 亿元，增长了 6.6 倍；国内旅游收入由 386.15 亿元增加到 3050.00 亿元，增长了 6.9 倍；旅游外汇收入由 5.28 亿美元增加到 27.00 亿美元，增长了 4.1 倍；接待国内旅游者由 6860.74 万人次增加到 33000.00 万人次，增长了 3.8 倍；海外旅游者由 150.28 万人次增加到 550.00 万人次，增长了2.7倍（见表4-1）。2015年云南省旅游业增加值达905亿元，比2014年的823.94亿元增加了81.06亿元；占全省GDP的6.5%左右，比2014年的6.43%提高了0.07个百分点。各项数据表明，云南旅游产业保持了持续高速发展的态势（见表4-2）。

表4-1　2000~2015年云南省主要旅游经济指标统计

年份	接待海外旅游者（万人次）	旅游外汇收入（万美元）	接待国内旅游者（万人次）	国内旅游收入（亿元）	国内总收入（亿元）
2000	100.11	33902.00	3841.00	183.20	211.40
2001	113.13	36700.00	4570.00	226.00	257.00
2002	130.36	41930.13	5110.10	255.00	289.93
2003	100.01	34014.12	5168.82	278.31	306.64
2004	110.10	42245.12	6010.64	334.08	369.27
2005	150.28	52801.46	6860.74	386.15	430.14
2006	181.00	65843.66	7721.30	447.10	499.78
2007	221.90	85958.03	8986.15	494.74	559.21
2008	250.22	100755.44	10250.08	594.76	663.28
2009	284.49	117221.09	12022.85	730.66	810.73
2010	329.15	132400.00	13837.00	916.82	1006.83
2011	395.38	160861.49	16331.78	1195.73	1300.29
2012	457.84	194700.00	19630.28	1579.49	1702.54
2013	533.50	241800.00	23972.30	1961.55	2111.24
2014	531.06	242100.00	28116.49	2516.87	2665.74
2015	550.00	270000.00	33000.00	3050.00	3281.79

资料来源：云南省旅游局《云南旅游统计快报》，2015年12月。

表 4-2　2013~2015 年云南省旅游发展规模和增长速度比较

项目	2013 年 数量	2013 年 增长率（%）	2014 年 数量	2014 年 增长率（%）	2015 年 数量	2015 年 增长率（%）
接待游客总人数（万人次）	24505.80	21.99	28647.55	16.90	3550.00	7.11
国内游客（万人次）	23972.30	22.12	28116.49	17.29	33000.00	17.37
海外旅游者（万人次）	533.50	16.53	531.06	-0.46	550.00	3.57
旅游总收入（亿元）	2111.24	24.01	2665.74	26.26	3281.79	23.11
国内旅游收入（亿元）	1961.55	24.19	2516.87	28.31	3050.00	21.18
海外旅游收入（亿美元）	24.18	24.19	24.21	0.12	27.00	11.52

资料来源：云南省旅游局《云南旅游统计快报》，2015 年 12 月。

2. 旅游产业整体规模达到较高水平

旅游产业作为一个多产业融合的产业集群，产业规模覆盖了"食、住、行、游、购、娱"等不同的领域。随着旅游产业的快速发展，云南省旅游产业体系已经初具规模。截至 2015 年 9 月，全省投入营运的旅游景区为 638 个，其中国家 A 级旅游景区为 214 个，每年接待游客超过 1.54 亿人次，综合收入达到 280.5 亿元，从业人员达 8 万人。住宿设施达 3000 家，其中旅游星级饭店为 871 家、经济型酒店为 76 家、特色民居客栈为 211 家，客房总数超过 10 万间，从业人员达 9 万人。星级旅游餐馆为 226 家（未包括旅游住宿设施餐厅），星级旅游购物场所为168家，星级旅游汽车公司为45家，星级旅行社企业为428家，其他旅游要素设施和公共服务设施建设速度加快，全省旅游产业体系不断完善，产业综合实力不断增强。

3. 旅游标准化体系不断完善

2015年，云南省加快旅游标准化体系建设，到2015年9月30日，共认定星级旅游饭店871家、A级旅游景区214家、星级旅行社428家、星级旅游购物场所169家、依国标认定星级旅游汽车公司7家、依地标认定星级旅游汽车公司45家、星级旅游车辆4195辆、星级旅游汽车驾驶员4355名、星级导游9172名、星级经济型酒店76家、星级特色民居客栈211家、星级旅游餐馆226家、旅游团队餐企业165家、星级温泉企业9家，并做好年度复核工作，为推行旅游合同标准化，建立全省统一的旅游团队电子化监管系统，将等级评定、认定和合格的企业、车辆和从业人员纳入监管平台做好了准备；并组织修订了《旅游购物场所等级划分与评定》《导游服务质量等级划分与评定》《旅行社等级划分与评定》《经济型酒店等级划分与评定》《特色民居客栈等级划分与评定》5项地方标准，以及《旅游特色商品评定规范》《旅游特色村等级划分与评定》《旅游度假酒店等级划分与评定》3项地方标准，并于2015年年底前报省质量技术监督局评审，不断完善旅游行业标准化体系建设。

4. 市场结构进一步优化，消费水平进一步提高

一是中高收入人群仍是云南省旅游市场的主体。调查数据显示，2015年，到云南旅游的游客中的企事业管理人员、文

教科技人员和服务销售人员占比均在 10% 以上，分别为 19.82%、16.32% 和 15.04%，占市场总量的 51.18%，比 2014 年上升了 0.17 个百分点，工作稳定型和高收入型游客仍是推动云南省旅游市场增长的主要力量。

二是中青年市场比重提升。调查数据显示，2015 年，到云南旅游的游客中以主要从互联网获取旅游信息的 25~44 岁的人群为主的中青年，占市场总量的 62.60%，比 2014 年提升了 1.76 个百分点。与此同时 64 岁及以上和 15~24 岁的游客分别下降了 1 个百分点和 2.84 个百分点，说明影响旅游的客观要素仍在起决定性作用。

三是游客停留时间进一步延长，散客规模进一步扩大。由于云南省旅游产品的不断丰富和完善，旅游设施和服务水平的不断提高，游客在云南旅游的平均停留时间进一步延长。2015 年，游客在云南的平均停留时间达 2.43 天，增长了 5.19%。同时随着居民生活水平的不断提高，加之新《旅游法》、节假日高速路对中小型车免费通行等法规、政策的实施，自驾车出游渐渐成为游客首选的出游方式，从而改变了全省旅游市场的发展格局。从出游方式看，2015 年参团赴云南旅游的游客占市场总量的 18.12%，与 2014 年相比下降了 1.56 个百分点。同时散客占比增加到 81.88%。

四是消费水平进一步提高。随着云南省旅游产业结构的调整和产品的转型升级，全省高端消费人群进一步扩大，游客在云南的花费不断提高。2015 年以休闲和度假为目的的游客占全省国内游客的比重达28.78%，比去年增加了2个百分点。全省海外旅游者（过夜）消费水平为244.97美元/人·天，与2014年相比增加了41.92美元/人·天。口岸入境一日游游客人均花费为70.77美元，增长了4.27%。国内游客人均花费为688.23元/天，增长了14.69%。从消费结构看，随着云南省旅游交通条件的改善和旅游商品的不断丰富，带动本地经济发展的消费支出持续提高。2015年，购物消费占总消费的比重为24.16%，人均达159.07元/天，比2014年提高了33.38元/天，综合带动作用明显。

5. 旅游业的带动作用日益凸显

一是云南省旅游企业经营状况较好。据不完全统计，2015年全省平均床位出租率达54.77%，同比增长6.63%，平均房价为208.15元；全省旅行社累计接待各类旅游团队52.78万个，增长10.68%，接待游客达856.82万人次，同比增长19.54%。监测的10个4A级以上景区累计接待旅客达2318.78万人次，同比增长16.90%，实现门票收入23.70亿元，同比增长16.60%。其中，昆明石林、丽江古城、丽江玉龙雪山等景区的接待人数超过380万人次，昆明石林风景名胜区累计接待游客达404.14万人次，同比增长3.09%，实现门票收入7.07亿元，同比增长3.09%；丽江古城风景名胜区累计接待游客达396.48万人次，同比增长12.44%，实现门票收入4.12亿元，同比增长高达42.40%；丽江玉龙雪山累计接待游客达388.67万人次，同比增长6.96%，实现门票收入4.70亿元，同比增长6.96%。

西双版纳野象谷、保山腾冲火山热海、迪庆普达措国家公园等景区接待人数超过130万人次，西双版纳野象谷累计接待游客186.72万人次，增长19.05%，实现门票收入1.03亿元，同比增长21.82%；保山腾冲火山热海景区累计接待游客145.55万人次，同比增长32.0%，实现门票收入0.47亿元，同比增长27.23%；迪庆普达措国家公园接待游客132.96万人次，同比增长22.63%，实现门票收入2.83亿元，同比增长25.82%。

二是旅游业对相关行业带动明显。在旅游业快速发展的推动下，云南省与旅游密切相关的其他行业实现了快速发展。2015年，全省航空客运量达5234.5万人次，同比增长18.3%，其中昆明机场运送旅客3752.3万人次，同比增长16.4%。铁路运送旅客3786.11万人次，同比增长9.05%，其中运送旅游团队人数达97.72万人次，同比增长25.96%。全省公路运输客运量4.39亿人次，旅客周转量328.52亿人公里，分别同比增长-1.35%和2.32%，水路运输完成客运量1157万人次，旅客周转量2.50亿人公里，分别比去年同期增长5.28%和5.25%。云南省出入境人数达3439.28万人次，同比增长9.06%，其中出入境游客合计720.34万人次，同比增长41.91%。

三是旅游产业地位进一步凸显。2015年，云南省旅游业总收入达3281.79亿元，比上年增长23.11%。根据云南省旅游发展委员会和云南省统计局基于国家统计局的产业分类体系，初步估算2015年云南省旅游业增加值达905亿元，比2014年的823.94亿元增加了81.06亿元；占全省GDP的

6.5%左右,比 2014 年的 6.43%提高了 0.07 个百分点。与此同时,旅游业对财政和就业的带动作用突出。2015 年旅游带动就业人数达 698.02 万人,其中旅游带动直接就业人数达 248.94 万人,带动间接就业达 449.08 万人。2015 年旅游业生产税净额达 100.94 亿元,占财政总收入比重的 3.1%。

四是旅游业对全省经济发展的带动作用进一步增强。基于国家现行投入产出核算方法,经云南省旅游发展委员会与云南研数统计师事务所按照世界旅游组织和国家旅游局推荐的旅游卫星账户测算,2015 年云南省旅游产业综合增加值即直接增加值和间接增加值之和达到 1858.6 亿元,占整个社会增加值的 13.52%。数据结果显示,旅游产业对第三产业的贡献作用尤其显著。2015 年旅游业带动的第三产业增加值为 972.02 亿元,占第三产业增加值的 16.35%。其中带动的批发和零售业增加值为 329.92 亿元,占批发和零售业增加值的 24.68%;带动的交通运输、仓储和邮政业增加值为 75.57 亿元,占交通运输、仓储和邮政业增加值的 24.43%;带动的住宿餐饮业增加值为 230.96 亿元,占住宿餐饮业增加值的 52.10%;带动的房地产业增加值为 24.83 亿元,占房地产业增加值的 8.39%;带动的其他营利性服务业增加值为 296.11 亿元,占其他营利性服务业增加值的 8.32%。

二 云南省旅游资源特征分析

云南复杂多样的地理环境、特殊的立体气候条件、悠久的历史文化和众多的少数民族风情，为云南旅游产业快速发展提供了重要的条件。从旅游资源的分布、构成、景观质量及特征、开发程度、社会情况等来看，可将云南旅游资源的特征概括为以下五个方面。

（一）旅游区位优越

云南与缅甸、老挝、越南三国接壤，边境线总长4060公里。其中，中缅边界线云南段长1997公里，中老边界线云南段长710公里，中越边界线云南段长1353公里；全省有出境公路20多条，国家级口岸10多个，省级口岸10个，还有86个边境或边民互市点；全省少数民族中有16个民族跨境而居。云南位于东亚旅游圈、东亚—中国旅游圈、中国西南旅游圈三个明显的旅游圈层和由东亚、东南亚和南亚三个旅游圈交汇重叠形成的"交叉旅游圈"，优越的旅游区位条件，使云南成为中国大陆联结东南亚、南亚的桥梁，成为中原文化、藏文化、东南亚文化、西方文化的交汇点，是开展民族文化旅游和边境旅游的极好地区。

（二）资源组合极佳

在云南全省，各具特色的地质景观与动植物景观、气象景观、民族文化、少数民族风情组合，形成了风格、特色各异的景区、景观，它们相辅相成，互为依托，体现出极高的组合性。具体到某一景区，组合特点相差较大，例如，昆明西山景区，便是借滇池、城市、远山景观衬托出自身的雄奇；而大观楼更是因亭台楼阁、潭水、垂柳、远山、夕阳和悠久的历史文化融为一体而显得古朴、神奇、令游人流连忘返。极好的资源组合颇具开发价值，是云南旅游发展的重要依托。

（三）景观类型奇特

云南山川秀美，其旅游资源构成复杂多样、丰富多彩。三江并流景观雄奇壮美；昆明石林更以其非凡的高石芽喀斯特地貌景观而举世闻名；发育着现代冰川类型的玉龙雪山是世界上纬度最低的冰川，山上终年积雪，山下四季如春，从山脚河谷地带到峰顶具备了亚热带、温带、寒带完整的垂直带自然景观；建水燕子洞为非凡的地下喀斯特地貌景观，是亚洲最大、最壮观的溶洞之一。云南自然景观和人文景观十分丰富，有寒、温、热带的立体气候；有宏伟壮丽的山川地貌；有古老悠久的历史文化遗存及近现代革命历史纪念物；有各具特色的多民族文化；有多种奇异典型的地质现象、丰富的矿产矿床及动植物群落；有大量可供攀登、漂流探险的高峰绝壁、急流险滩和洞穴。雪域高原与热带雨林共存，高山深谷和阔坝平湖相间，形成了云南旅游资源组合的多样性。

（四）生态环境优美

云南省生物旅游景观极为丰富独特，素有"植物王国""动物王国""花卉王国"之美誉，不少动植物类型的观赏价值极高，自然生态系统保存较好，云南省是全国国家级自然保护区数量最多的省份；西双版纳热带生态系统原始而典型，被誉为"北回归线上的一颗绿宝石"；昆明世博园是集各国园林精品、奇花异草于一体的科普生态旅游胜地；而位于滇西北的香格里拉生态旅游示范区，充分体现了人与自然和谐相处、"天人合一"的主题，成为云南一大生态旅游景观。

（五）民族文化多元

云南的民族旅游资源丰富多样，特色鲜明。2010年第六次全国人口普查统计，全国55个少数民族在云南均有分布；人口超过5000人的少数民族有25个，其中白、哈尼、傣、佤、拉祜、纳西、景颇、布朗、阿昌、普米、怒、德昂、独龙、基诺、傈僳15个民族为云南特有。各民族在长期的生产、生活中，形成了风格各异和类型多样的民族文化、风俗习惯、节日、服饰、村舍建筑，成为云南旅游资源的一大特点和优势。

三 云南省景区管理体制与运行机制

旅游景区管理体制是旅游景区经营管理的组织运行机制，是景区各相关权利主体彼此独立而又相互制约的复杂过程、关系、制度和机制的组合，它既包括旅游商品市场、资本市场、劳动力市场和政策法规等外部机制，又包括对景区资源的保护和利用等内部机制。

（一）管理现状

由于历史原因，云南省的旅游景区管理总体较为复杂，在管理方式上集中表现为两个特征。一是分层管理，不同类型的资源依据主管部门行政级别的不同呈现明显的分级特征；二是多部门管理。

1. 分层管理

自昆明石林于1982年成为国务院批准的首批国家级重点风景名胜区起，云南省的旅游景区开始实行国家级、省级和县级风景名胜区的分级管理体制。之后，为了更好地维护和管理，又将国家级、省级景区管理权下放到景区所在地的县级政府进行管理。在管理职能划分上，根据2011年《云南省风景名胜区条例》的规定，风景名胜区所在地县级以上人民政府设置的风景名胜区管理机构，负责风景名胜区的保护、利用和统一管理工作，具体是：省住房和城乡建设主管部门负责全省风景名胜区的监督管理工作；州（市）、县（市、区）人民政府风景名胜区主管部门负责本行政区域内风景名胜区的监督管理工作；县级以上人民政府林业、环境保护、国土资源、水利、文化、旅游、民族、宗教等其他有关部门按照规定的职责分工，负责风景名胜区的有关监督管理工作。

2. 多部门管理

依据景区资源的不同，旅游景区分属于不同的部门管理，如世界自然遗产和风景名胜区的管理职能属于建设部门，文化遗产的管理职能属于文化部门，公园类景区的管理职能属于园林部门，宗教类旅游景区的管理职能属于宗教部门等。但在实际操作过程中，主要管理权力大都下放到了景区所在地的地方政府。

（二）运营机制

云南省有的旅游景区属于事业单位，有的则按照企业进行管理，实行市场化运营；从企业类别来看，有国营、合资、股份制、私有等多种所有制形式。另外，从云南省旅游景区的基本收支情况看，目前云南省旅游景区的主要收入来源包括门票收入（一般占景区收入的80%~90%）、经营收入（如娱乐、出售旅游商品收入），少量景区有政府补助收入、上级补助收入。景区的支出主要用于弥补景区经营和管理成本，各专项经费支出，上缴财政等（见表4-3）。

（三）存在的主要问题

通过分析，云南省旅游景区管理存在的主要问题有以下几个方面。

1. 多头管理，体制复杂

目前云南省的景区分属于多个政府部门管理，管理体制复杂，政出多门。例如，有的风景名胜区、自然保护区、森林公园和文物保护单位，既有保护资源的职能，又有开发资源、经营景区的职能，甚至还有参与社区管理、解决就业的职责。

表 4-3　云南旅游景区主要收支明细表

收入		支出	
结构	明细	结构	明细
门票收入	开展主营业务活动取得的收入，即门票收入	人员经费支出	基本工资、补助、职工福利、社会保障等
经营收入	在开展主营业务活动以外取得的收入，如娱乐项目收入、出售旅游商品及出租景区的固定资产收入等	公用经费支出	公务费、设备购置费、修缮费、业务费等
政府补助收入	从财政部门取得的各类事业经费	专项经费支出*	事业性旅游景区按照财政部门或主管部门指定项目或指定用途的资金支出。如文物保护、城市绿化、公园建设和科普科研教育等方面的专项经费支出
上级补助收入**	从上级主管部门取得的非财政补助收入	专项经费支出**	按照规定的定额或比例上缴上级财务主管部门的支出
附属单位上缴收入	景区附属独立核算的生产、经营和服务单位按有关规定上缴的收入	对附属单位补助支出	景区对附属单位补助发生的支出

注：* 来自财政部门；** 来自非财政收入。

在实际中，风景名胜资源和文物资源的管理权由不同的行政主管部门行使，包括建设、林业、环保、文化、文物、宗教、国土、旅游等部门，并按其科学价值、历史文化价值、美学价值和地域范围等划分为国家级、省级、县级，分别由各级行政主管部门管理。有的还成立了相应的行政管理机构，如风景名胜区、国家森林公园、自然保护区管理委员会（或管理局）、文物管理委员会（或文管所）等，作为国家资源所有者代表，统一实施管理权。这些景区管理机构的主要职责是执行有关法律法规，确定开发利用方针，制定和审批保护和发展规划并监督其实施，审核有关开发项目的可行性报告和方案，其中有些管理机构代表政府管理区域内的民政事务。在条块分割的情况下，极易因地方、部门、单位、个人利益的驱动出现有法不依、执法不严、盲目开发、垄断经营的现象。

2. 政企不分，效益低下

许多风景名胜型景区及文物型景区，由于条块分割和政、企、事不分，在经营接待上，基本上是等客上门，很少主动宣传促销；在经济收支上，主要依靠财政拨款加单位创收，有的稍有盈余，多数入不敷出；在劳动人事制度上，机构臃肿，冗员多；在分配制度上，平均主义盛行。这种管理体制和经营机制导致一些景区旅游资源的闲置与浪费，以及对旅游资源的低效、低俗开发或无序开发，有些景区采取"杀鸡取卵"式的经营方式，严重影响了旅游景区的持续发展和对资源的保护。

3. 经营混乱，服务较差

一些旅游景区不重视安全生产管理，安全隐患突出；经营秩序混乱，游客权益得不到保障。这主要是由于这些景区的内部运行机制不合理、不科学，经营急功近利，有的甚至是层层转包、各行其是；有的风景名胜区、文物点、博物馆，将本属于社会公益的资源进行企业化运作，背离了公益性目标。

4. 财政困难，举步维艰

在上级财政拨款十分有限的情况下，一些旅游价值不高的园林型景区和文物型景区的景区管理、运行经费和职工工资有的靠财政拨款，有的靠门票弥补，有的则完全自筹自支。财政拨款和门票收入十分有限，往往只能勉强维持景区现状和职工生计，根本谈不上对景区的保护和持续开发。

云南省旅游业因其独特的自然、人文景观优势及区位优势，在全国独树一帜，发展旅游业得天独厚，自改革开放起，旅游业发展逐年呈上升趋势，20世纪90年代旅游业成为一个重要的支柱产业，同时也形成了较为完善的管理体制与运行机制。目前云南旅游业发展已进入产业成熟阶段，云南省政府适时提出旅游业"二次创业"的口号，为全省旅游业进一步发展提供了契机。同时，云南旅游业的发展与国内其他旅游地一样，也存在一些问题，如管理机制有待完善、景区服务质量有待提高、投入不足等。对云南省旅游景区门票价格的定价机制进行深入研究，完善现行的定价机制将对云南省旅游业的长足发展产生深远影响。

第五章　云南省旅游景区门票价格管理现状及其分析

一　云南省旅游景区门票价格管理历史沿革

（一）20世纪50年代初~80年代初：国家补贴，社会福利型收费阶段

新中国成立至改革开放前，云南省的景区类型比较单一，公园及风景名胜资源开发利用较少，收费景区仅限于少数园林景区，且相对集中在省会昆明市内及市郊，门票价格由各级人民政府及其物价主管部门制定和管理。1953年，仅有3个公园经政府批准实行门票制，分别是大观楼公园0.03元/人次，翠湖公园0.02元/人次，圆通山公园0.05元/人次；上述门票价格一直执行到1983年。省内其他名胜古迹和游览参观点均不收门票，所需经费由当地财政全额拨款。

20世纪70年代末，随着改革开放和社会经济发展的需要，经昆明市革命委员会批准，在省内有一定影响力的昆明城郊的另外7个公园寺庙也开始实行门票收费制度，具体价格比

照大观楼等公园，西山龙门、华亭寺、太华寺为 0.02 元/人次，金殿、黑龙潭、筇竹寺为 0.03 元/人次，圆通寺为 0.05 元/人次。1984 年，为补偿公园各项费用开支，经昆明市政府同意，市物价局对门票价格做了调整，大观楼、翠湖调为 0.10 元/人次，太华寺、华亭寺调为 0.05 元/人次，并规定各公园月票每人每月为 0.50 元。

（二）20 世纪 80 年代中期~90 年代中期：国民待遇与外宾分离双轨制门票收费阶段

20 世纪 80 年代中后期，云南全省范围的各地陆续对一部分原有的和新发现、新开发的名胜古迹和游览参观点进行整理、修葺、扩建，普遍开始实行门票收费制度，并逐年提高门票价格。

在定价机制上，这一阶段出现了"双轨制"。这是由于在改革开放初期，我国经济发展相对落后，国内旅游需求不足。基于创收外汇的考虑，加之当时没有形成成熟的国内旅游市场，政府对景区实行严格管制，对接待国外游客的景区实行甲乙两种票价，即对国外游客、港澳台同胞收取甲种票，对其他游客收取乙种票。除石林景区甲种票价由国家计委直接管理制定、乙种票价由省物价局管理制定外，省内其他游览参观点，凡要实行甲乙两种票价的，甲种票价由省物价局审批，乙种门票价格则由各州、市及县物价部门管理制定，并规定乙种票价水平不得超过甲种票价。

在这一价格政策指导下，昆明石林在云南省率先实行甲乙票价制。1991年1月，石林甲种票经国家物价局批准，票价为10元/人次；乙种门票经省物价局批准，定为4元/人次。1993年2月，为了缓解石林景区建设资金困难问题，加快景区建设，经省物价局批准，石林景区乙种门票调为10元/人次，同年4月，经国家计委批准，石林景区甲种门票调为20元/人次，1994调为25元/人次，省物价局也将乙种门票调为15元/人次，1995年省物价局将乙种门票调为25元/人次。

大理蝴蝶泉及武定狮子山风景区、元谋土林、建水燕子洞、泸西阿庐古洞、丽江黑龙潭等景区，于20世纪80年代中后期相继实行门票收费制度。其中，1989年3月，经丽江县（2003年撤销，设为丽江市）物价局批准，丽江黑龙潭公园实行门票收费制度，每人次0.10元。1990年调为内宾0.20元/人次，外宾0.50元/人次。1991年调为内宾0.30元/人次，外宾1.00元/人次；1994年调为内宾0.80元/人次，外宾3.00元/人次。

由于甲种门票价格高于乙种门票，对国内游客而言，景区门票体现了公益性特点。此段时期，由于景区门票价格审批行为缺乏规范，门票调整较为频繁。

（三）20世纪90年代后期至今：景区开发企业化与门票经济市场化收费阶段

1996年，为适应我国加入世贸组织的需要，按照国家计委规定，云南省取消了内外宾门票价格的制度，同一景区国内外游客均执行统一的门票价格,完成了甲、乙两种门票价格的并轨,并将门票价格管理的内容延伸到对景区景点门票价格的监督检查,重点查处乱涨价、乱收费、变相涨价、不明码标价、强行服务并收费等价格违法行为。1998年,为迎接1999年世博会,云南省投入资金对大部分景区进行了基础设施改造,省物价局对一些知名景区的门票价格进行了集中调整,一方面,使云南的景区景点得到了较快发展;另一方面,使全省景区门票价格保持了一段时间的相对平稳。

20世纪90年代末21世纪初,随着改革开放进程的加快和游客数量的急剧增加,旅游景区的经营成本和管理费用也逐渐上升。由于政府财政支持的增长速度远低于景区管理成本的增长速度,较低的门票已经不能适应景区管理成本增加的实际和越来越重的创收需要,于是各景区更多地依靠市场力量解决资金问题,千方百计提高门票价格、增加门票收入或开展多种经营,特别是20世纪90年代后期国家逐渐改革风景名胜区的管理体制,景区更多采取企业化经营模式,这增加了大多数景区创收的动力,加之政府对一些重要景区门票收入的掌控,门票收入成为当地政府财政收入的重要来源,在各方利益的驱动下,云南省旅游景区门票价格和全国一样迎来高速上涨期。

二 云南省旅游景区门票价格管理现状及经验

(一) 旅游景区门票价格管理制度建设

近年来,为进一步加强游览参观点门票价格管理,规范旅游市场价格秩序，维护消费者合法权益，省价格部门按照国家发展和改革委员会的统一部署，对全省游览参观点门票价格进行了清理整顿。通过清理整顿，游览参观点免费开放的力度进一步加大，门票价格的制定得到进一步规范，游览参观点均实行了一票制；价格公示制度在各景区得到了较好的贯彻落实，游览参观点门票价格，游览参观点内缆车、观光车、游船等交通运输服务价格以及相关价格优惠政策等按规定在景区售票处或服务场所进行了公示。结合游览参观点门票价格清理整顿情况，根据《价格法》、《云南省旅游条例》和国家出台的一系列有关游览参观点门票价格管理的规定以及省政府的要求，省物价局制定了《云南省游览参观点门票价格管理实施办法（暂行）》（以下简称《办法》），于2011年1月1日实施。《办法》主要明确了以下内容。

1. 价格管理形式和权限

《办法》规定，凡以游览参观为主要功能的世界遗产、风景名胜区、自然保护区、森林公园、文物保护单位，政府投资兴建的城市公园、博物馆，依托国家自然资源或文化资源投资兴建的游览参观点等的门票价格，实行政府指导价；商业性投资兴建的人造景观门票实行市场调节价。《办法》规定，对游览参观点门票价格实行统一领导，分级管理；省级价格主管部门负责贯彻落实国家有关游览参观点门票的价格政策，制定全省门票价格管理规定，协调平衡全省门票价格水平，制定在全省具有代表性的部分游览参观点的门票价格，指导各地门票价格管理工作。目前，省级价格主管部门审批管理丽江玉龙雪山等9个游览参观点门票价格，其余由州、市、县价格主管部门审批管理。

2. **定价原则**

《办法》明确了景区定价的基本原则，即制定或调整实行政府指导价的游览参观点门票价格，应当根据游览内容、观赏价值、投资规模、服务质量、游客流量，按照既有利于增加社会效益、环境生态效益，又兼顾补偿运行成本的原则，实行分类定价，保持合理比价；季节性较强的游览参观点，可分别制定淡、旺季门票价格。

《办法》还规定，世界遗产、风景名胜区、自然保护区、森林公园、文物保护单位等游览参观点门票价格，按照保证正常运行成本和补偿游览参观点资源保护费用，考虑市场供求状况、社会承受能力的原则核定；与居民日常生活关系密切的城市公园、博物馆、纪念馆和展览馆等应充分体现公益性，实行免费开放；暂不具备免费开放条件的，按照保本非盈利原则实行低票价，并积极推进免费开放。

3. **定价程序及管理规定**

《办法》要求申请制定或调整实行政府指导价管理的游览参观点门票价格的，由管理机构或经营者提出书面申请，报所在地价格主管部门审核或审批。制定或调整实行政府指导价管理的游览参观点门票价格应当开展成本调查审核，属于听证范围的应依法开展成本监审。制定或调整重要的游览参观点门票价格应当召开价格听证会，广泛听取社会各方面的意见。上调实行政府指导价管理的同一游览参观点门票价格，调价频率原则上不得低于 3 年；原门票价格在 50 元以内（不含 50 元）的，一次提价幅度不得超过原票价的 35%；50 元（含 50 元）至 100 元（不含 100 元）的，一次提价幅度不得超过原票价的 30%；100 元（含 100 元）至 200 元（不含 200 元）的，一次提价幅度不得超过原票价的 25%；200 元以上（含 200 元）的，一次提价幅度不得超过原票价的 15%。游览参观点门票应当实行一票制。为了方便游客，将普通门票、特殊参观点门票和相邻的游览参观点门票合并成联票的，联票价格应当低于各种门票价格相加的总和，并同时公示普通门票、特殊参观点门票和联票价格，由游客自愿选择。游览参观点内的交通运输及其他服务价格应当单独标示、单独销售，不得与门票捆绑销售。实行政府指导价管理的游览参观点，在元旦、春节、清明节、劳动节、端午节、中秋节、国庆节等法定节假日期间及之前 1 个月内，一律不得以任何形式提高游览参观点门票价格。

4. 门票价格优惠政策

《办法》对身高 1.2 米以下或 6 周岁以下的儿童，年满 70 周岁或持《老年人优待证》的老年人，持有效证件的离休人员、现役军人、残疾人实行免票；对军队退休干部、学生及未成年人实行半价优惠；对集体参观爱国主义教育基地的大、中、小学学生实行免票。

《办法》的实施，对全省各级价格主管部门深入贯彻落实云南省旅游"二次创业"的工作部署，进一步规范游览参观点门票价格行为，促进全省旅游产业的持续、健康、快速发展起到了积极作用。

5. 召开价格听证会，通过引入民主议政机制建立新型价格管理方式

《办法》指出，制定或调整重要的游览参观点门票价格应当召开价格听证会，广泛听取社会各方面的意见。其他游览参观点门票价格的制定和调整，可以通过座谈会、论证会、网上公示等方式听取意见。门票价格听证会应当按照规定程序公开举行。听证会参加人一般应当包括消费者、旅行社、游览参观点经营者以及政府相关部门和有关方面的专家等人员。其中，消费者人数不应少于听证会参加人数的2/5，以外地游客为主的游览参观点的听证会应当包括一定数量的外地消费者。价格听证会制度确立了一个由政府价格主管部门主持，消费者、经营者和有关部门等利益相关方及专家学者共同论证、相互制约的价格形成机制。听证会代表的意见和论证情况将连同物价局的意见等材料一并上报政府，将作为市政府价格决策的重要依据之一，为政府价格决策更加民主、科学和公正创造条件。

（二）云南省旅游景区门票价格管理的经验

1. 建立价格杠杆机制，促进旅游产业发展

云南旅游业发展30年，景区门票已经从单一门票模式，演变为综合门票模式，同时为游客提供包括门票之外的景区绿色交通、登山索道、观光缆车、游船观赏、歌舞演出等增值服务。通过门票杠杆作用，一方面促使景区加强了基础设施建设，增加了公共服务设施，提高了服务水平，同时景区的竞争意识得到加强，市场营销工作有了基础保障，旅游宣传和促销有了明确的目标；另一方面，也使得云南旅游景区等级建设工作迈上新台阶，"争优创 A" 蔚然成风，标准化、信息化、智能化景区的建设步伐加快。目前仅在滇西北旅游黄金线路上的 4A 级以上景区就达 21 个，极大地丰富了游客的选择范围，对云南省旅游产业发展，进一步建设旅游大省、旅游强省战略起到了积极的促进作用，也促使更多社会资源积极投入旅游景区建设。

2. 实行平稳的价格政策

1999 年昆明世博会后，云南省旅游景区迎来了发展的黄金时期。为实现旅游业的可持续发展，省价格部门在贯彻国家计委颁布的《游览参观点门票价格管理办法》时，明确提出云南省游览参观点门票价格的制定，要从把旅游业建成支柱产业的目标出发，采取与省外同类景点价格持平或略低的价格策略，以保持游客的相对稳定，在竞争中处于平等和有利的地位。同时，省价格部门还明确了下一级价格主管审批的游览参观点门票价格，原则上不得高于上一级价格主管部门管理的同类游览参观点门票价格。要求各级价格主管部门要严格把控游览参观点门票价格调整幅度和调价间隔时间，保持不同种类景点之间的合理比价和同类景点之间的合理差价，禁止出现盲目攀比涨价现象，以保持全省游览参观点门票价格总水平的基本稳定。按此指导思想，云南省游览参观点门票价格近年来虽有调整，但未出现大的波动，总体来说处于平稳上升状态，对促进云南省景区景点的建设，带动旅游产业发展起到了积极作用。

3. 建立调查统计制度

2001 年，为掌握游览参观点经营成本及其变化等的基本情况，制定相关价格政策、调整游览参观点门票价格，应用价格杠杆调节需求，保持价格水平合理稳定，促进云南旅游业持续、健康发展，云南省建立了参观点收费情况调查统计制度。调查范围包括当地全部收取门票的游览参观点；调查内容包括现行门票价格水平、批准机关及文号、年游览人数及同比增减情况、年门票收入及同比增减情况等；规定游览参观点门票情况调查统计制度由各级价格主管部门负责组织实施。该制度要求每年 1 月 20 日前，由游览参观点将上年经营情况按《云南省游览参观点收费情况统计表》的要求如实填写，同时提出存在问题和改进意见及建议报县级价格部门；1 月 31 日前，由县级价格部门汇总提出意见，书面报上一级价格主管部门；2 月 20 日前，由地、州、市价格主管部门将当地情况汇总，并提出书面意见报云南省发展计划委员会，省管游览参观点则直接报云南省发展计划委员会。各地调查统计报告的内容包括：《云南省游览参观点收费情况统计表》，门票管理情况、经验及存在问题，改进和加强游览参观点管理的措施、建议、意见等。2006年，云南省游览参观点门票价格统计制度归入国家发改委建立的游览参观点门票价格及相关信息报告体系。云南省游览参观点门票价格统计制度建立以来，为全省各级价格主管部门及时掌握各游览参观点的经营情况、评估景区门票价格的执行情况、掌握景区门票价格管理中存在的问题提供了较好的途径。

4. 严格门票价格审批行为，保持门票价格总水平的稳定

在门票价格审批中，各级价格部门坚持对每个景区景点门票价格的调整进行成本监审，有效杜绝不合理开支进入成本进而推动门票价格不合理上涨情况的发生，确保门票收入主要用于景区的日常维护管理和基础设施建设；门票价格的调整幅度和调整频率严格执行国家规定，避免频繁调价、节假日期间涨价和超幅度调整门票价格，保持全省门票价格总水平和旅游市场价格的稳定。

5. 部分景区利用门票收入建立旅游资源价格补偿机制

发展旅游业反哺农业主要有以下三种形式：一是建立经济补偿机制，对景区占用其耕地、房舍的社区居民进行直接的经济补偿；二是建立社区服务运营机制，对原社区居民进行身份转换和一系列的培训，使当地居民转化身份成为景区服务人员，如景区的环卫人员，或低价承包景区内的店铺进行经营、民俗表演等；三是以公司加农户形式提供更高层次的服务，如大型客栈、特色购物，有规模地进行旅游商品、农副产品的加工、生产和销售，促进旅游业和当地经济发展。

由于地理位置和自然因素的限制，云南省多数景区位于交通不便、经济欠发达的地区，这些地区的自然村落众多，随着景区的开发与保护，景区内居民的生产生活均将受到较大影响，当地居民或迁出原居住地，或停止原有生产活动，原住民逐渐变为失地农民，生活得不到应有的保障，景区在发展过程中产生了开发与保护，经营者和当地居民利益分配的矛盾，产生了一些不安定因素；一些社区居民弃耕从商，在景区内随地搭建临时住房、摊点、经营房等建筑物，专门从事旅游经营服务活动，并且因为恶性竞争而拉客、宰客，严重扰乱了景区经营秩序。旅游资源价格补偿机制可以有效缓解矛盾，消除不安定因素。如丽江玉龙雪山景区（在第六章有专题研究），由于旅游资源价格补偿机制得到了很好的实施，缓解了景区发展和当地居民的矛盾，理顺了景区开发与保护、经营者与当地经济社会发展的关系，形成了景区与当地社会经济发展的良性循环。云南省西双版纳热带植物园等景区也建立了类似的机制，带动了当地社会经济发展。

6. 采取降价措施，利用价格杠杆拉动旅游消费

多年来，全国各地旅游景区景点门票价格上涨较快，引起了社会的广泛关注，门票价格已经成为游客出游的一大负担，旅游景区成为看不起的风景，严重阻碍了旅游业的发展。改变旅游景区门票经济现状，降低景区门票价格的呼声越来越高。旅游经济发展关联性的强弱，其关键不仅在于门票收入的多少，而且在于该旅游景点能够吸引多少游客以及游客在景区内

进行二次消费的多少。延长游客在旅游目的地的停留时间会极大拉动当地经济发展、提升引资力度，高价门票会抑制游客的消费热情，不利于旅游产业的发展。因此，为营造人民群众出游的良好的价格环境，促进旅游消费，按照国家发改委的部署，2012 年中秋国庆期间，经省人民政府批准，云南省率先在全国实行了降低游览参观点门票价格的举措。降低门票价格涉及全省范围内近 200 个实行政府定价或政府指导价的游览参观点，降价幅度为：现行门票价格在每人次 50 元以内（不含 50 元）的降价 35%；50 元（含 50 元）至 100 元（不含 100 元）的降价 30%；100 元（含 100 元）至 200 元（不含 200 元）的降价 25%；200 元以上（含 200 元）的降价 15%。现行门票价格在 10 元（含 10 元）以内的景点有 47 个，全部向游客免费开放。门票降价政策给游客带来的优惠约为 5600 万元，实实在在地减轻了游客的出游负担，得到了国家发改委的充分肯定，游客反映普遍较好，在惠民生、促和谐方面取得了较好的社会效益。

在 2012 年中秋国庆期间降低门票价格的基础上，省物价局决定自 2013 年起每年春节、五一、国庆期间的法定假日及连休日，在全省范围内实行政府定价和政府指导价管理的游览参观点的门票价格统一降低 20%，推动降低门票价格成为一项长期的制度，对减轻游客出游负担、拉动云南假日经济发展发挥积极作用。据省物价局统计，2013 年春节、五一期间旅游门票的优惠金额分别达 4500 万元和 1500 万元。门票价格优惠政策的实施，进一步推进了旅游消费的增加。中华人民共和国商务部网站公布①，2016年春节期间云南省共接待游客1389.56万人次，同比增长9.84%，共实现旅游收入79.44亿元，同比增长13.21%，取得了旅游人数和旅游收入的双增长（见表5-1）。

表5-1 云南省中秋、春节期间景区接待情况

黄金周	接待游客和收入	2013年	2013年同比增长（%）	2014年	2014年同比增长（%）	2015年	2015年同比增长（%）	2016年	2016年同比增长（%）
春节	接待游客（万人次）	981.51	31.87	1146.11	16.77	1265.08	10.38	1389.56	9.84
春节	旅游收入（亿元）	48.93	24.19	59.83	22.28	—	—	79.44	13.21
国庆节	接待游客（万人次）	904.22	21.00	1063.71	17.64	1163.01	9.34	—	—
国庆节	旅游收入（亿元）	51.81	11.73	63.51	22.58	72.86	14.72	—	—

三 云南省旅游景区目前门票价格水平分析

（一）全国旅游景区门票价格水平

2014年9月29日人民网发布的景区门票价格报告显示②，全国175个5A级旅游景区（以下简称"5A景区"）门票价格

---

① 《春节云南旅游收入近80亿》，商务部，2016年2月19日，http：//www.mofcom.gov.cn/article/resume/n/201602/20160201258577.shtml。

② 《全国175个5A级景区门票价格排行榜 均价108元》，人民网，2014年9月29日，http：//travel.people.com.cn/n/2014/0929/c41570-25758510.html。

均价达到 108 元，其中免费景区有 18 家。

中国社会科学院旅游研究中心曾发布《2013 年我国 4A、5A 级旅游景区门票价格分析报告》，报告显示门票价格百元以上的景区数量已经占到了 5A 景区数量的一半以上。截至 2014 年 9 月 29 日，全国 175 个 5A 景区的门票总和为 19013 元，5A 景区门票均价已达 108 元；百元以上景区已经达 99 家，约占总数的 57%；百元以下景区为 76 家，约占 43%。其中，最高票价为 250 元。200 元以上（含 200 元）的景区有 17 个；150 元（含 150 元）到 200 元（不含 200 元）的景区有 34 个；100 元（含 100 元）到 150 元（不含 150 元）的景区有 47 个；50 元（含 50 元）到 100 元（不含 100 元）的景区有 51 个；10 元（含 10 元）到 50 元（不含 50 元）的景区有 11 个；免费（0 元）的景区有 15 个（见表 5-2）。

表 5-2 全国 5A 景区门票价格分布

单位：个,%

5A 景区门票价格	数量	所占总数百分比
200 元以上（含 200 元）	17	9.71
150~200 元（含 150 元）	34	19.43
100~150 元（含 100 元）	47	26.86
50~100 元（含 50 元）	51	29.14
10~50 元（含 10 元）	11	6.29
免费（0 元）	15	8.57

注：本书所采用景区票价数据均为旺季票价；如景区内各景点收费不同，采用数据为主景点票价；如景区内实行联票制，采用数据为联票的最低价；如景区内联票和单独景点门票同时存在，所采用的数据为主景点门票或包含主景点联票的最低价。

门票价格最高的 5A 景区为广州市长隆旅游度假区（长隆欢

乐世界）和鹰潭市龙虎山旅游景区，两者票价都为250元，在收费的5A景区中，北京市天坛公园的票价为15元，与最高价格相差235元。另外，有18家免费的5A景区（仅门票免费，景区部分景点仍收费），分别为北京市奥林匹克公园、天津市古文化街旅游区、石家庄市西柏坡景区、南京市夫子庙—秦淮风光带景区、南京市钟山风景名胜区—中山陵园风景区、杭州市西湖风景名胜区、厦门市鼓浪屿风景名胜区、长沙市岳麓山·橘子洲旅游区、湘潭市韶山旅游区、长沙市花明楼景区、深圳市观澜湖休闲旅游区、毕节市百里杜鹃景区、苏州市金鸡湖景区、苏州市吴中太湖旅游区（旅游区内部分景点仍收费）、宜昌市三峡大坝旅游区、广安市邓小平故里旅游区、南通市濠河景区、绵阳市北川羌城旅游区。

百元以上的景区多数分布在动物园、游乐园、影视城等商业开发程度较高的地区，如常州市环球恐龙城休闲旅游区票价为200元、大连市老虎滩海洋公园·老虎滩极地馆票价为210元。名山大川等自然资源丰富的景区，票价也较高，如张家界市武陵源—天门山旅游区票价为245元、桂林市漓江景区票价为210元。百元以下的景区多为单独景点，如北京市故宫博物院票价为60元、武汉市黄鹤楼公园票价为80元。带有公益性质或爱国主义教育性质的景区一般免收门票，如石家庄市西柏坡景区、湘潭市韶山旅游区。此外，从票价分布来看，东部地区景点票价要高于西部地区景点票价，如新疆和安徽都有7家5A景区，新疆5A景区票价总和为575元，而安徽5A景区票价总和为944元，两者相差369元。

所有 5A 景区的平均门票价格为 108 元，相当于 2014 年常住城镇居民月人均可支配收入的 4.49%，农村常住居民月人均纯收入的 12.36%。

（二）云南省旅游景区门票价格水平情况

截至 2014 年，云南省纳入政府价格管理的景区景点约有 200 个，其中 5A 级景区平均门票价格为 118 元，4A 级景区为 66 元，3A 级景区为 41 元，2A 级景区为 28 元、1A 级景区为 12 元。门票最高的是石林景区，每人次为 175 元。由于云南省的旅游资源以自然景观为主，景区景点经营收入来源单一，门票收入成为景区赖以生存发展的重要支柱，门票价格占城镇、农村常住城乡居民可支配收入的比重，4A 级景区分别为 3.26%、10.62%，5A 级景区分别为 5.83%、18.99%（见表 5-3）。

表 5-3　云南省 A 级景区门票均价及占全国人均可支配收入情况统计

单位：元，%

景区类别	门票平均价格	2014 年城镇常住居民月平均可支配收入	2014 年农村常住居民月平均可支配收入	占 2014 年城镇居民月平均可支配收入的比重	占 2014 年农村居民月平均可支配收入的比重
5A	118	2024.92*	621.33*	5.83	18.99
4A	66			3.26	10.62
3A	41			2.02	6.60
2A	28			1.38	4.51
1A	12			0.59	1.93

注：* 来自《2014 年云南省全体居民人均可支配收入 13772 元，增长 9.5%》，http://www.stats.yn.gov.cn/TJJMH_Model/newsview.aspx?id=3437585。

资料来源：据云南省旅游局和云南省物价局资料分析得到。

（三）基本结论

比较 5A 级旅游景区平均门票价格，全国平均门票价格为 108 元，西部地区为 116 元，中部地区为 124 元，云南为 120 元，因此云南的 5A 级景区平均门票价格，高于全国平均票价 11.11%，但高于西部地区 3.45%，低于中部地区 3.23%。

从全国 31 个省份（港澳台除外）的 5A 级景区门票平均价格排名情况来看，在西部地区，云南 5A 级景区门票价格低于广西（163 元）、西藏（143 元）、内蒙古（140 元）、重庆（134 元）、四川（126 元）、陕西（122 元），高于贵州（110 元）、甘肃（103 元）、青海（90 元）、宁夏（82 元）、新疆（71 元）。

从门票平均价格占城镇、农村居民月平均收入的比重来看，与全国相比，云南省 5A 级景区城镇与农村的比重分别高于全国平均水平 1.44 和 6.95 个百分点；因此，通过对比门票平均价格与常住城乡居民月支配收入的比重发现，云南省旅游景区门票价格在全国来说大体上处于中等偏上水平（见表 5-4）。

表 5-4　2014 年云南省与全国 A 级景区均价与人均可支配收入对比

单位：元，%

景区类别	云南省 门票平均价格	云南省 占城镇常住居民月平均收入比重	云南省 占农村常住居民月平均收入比重	全国 门票平均价格	全国 占城镇常住居民月平均收入比重	全国 占农村常住居民月平均收入比重
5A	120	5.93	19.31	108	4.49	12.36
4A	66	3.26	10.62	—	—	—

续表

景区类别	云南省 门票平均价格	云南省 占城镇常住居民月平均收入比重	云南省 占农村常住居民月平均收入比重	全国 门票平均价格	全国 占城镇常住居民月平均收入比重	全国 占农村常住居民月平均收入比重
3A	41	2.02	6.60	—	—	—
2A	28	1.38	4.51	—	—	—
1A	12	0.59	1.93	—	—	—

资料来源：据云南省旅游局和云南省物价局资料分析。

云南旅游门票发展路径，基本反映出云南旅游发展的轮廓：在宏观层面上，既有政策管控的压力，又有市场经营的考验；在微观层面上，旅游景区投资回收形式单一与景区提升改造投入较大的矛盾依然存在，景区管理和营销成本不断增加。但是，应该注意到，云南门票价格属于国内较高水平，保持和降低门票价格是今后一段时期的主调。现有的门票管理和区域降价营销政策，在一定程度上遏制了企业"杀鸡取卵"的行为，规范了企业经营行为，促进了旅游市场的发展，但仍然缺乏应对景区开发与回收矛盾、市场供应和需求矛盾的长效机制。

第六章 云南省旅游景区门票价格定价机制分析

云南省近年来在旅游景区价格管理方面积累了丰富的管理经验,不仅进一步规范了游览参观点门票价格制定,切实加强了游览参观点门票价格监管,规范了门票价格审批行为,保持了门票价格总水平的稳定,而且创新了利用门票收入进行旅游资源价格补偿的做法,为云南旅游景区的持续发展提供了重要的支撑。为进一步完善和优化景区价格形成机制,有必要对当前云南省旅游景区门票定价的基本做法做理论上的梳理和分析。

一 云南省旅游景区门票定价及门票调整的基本做法

2011年1月1日施行的《云南省游览参观点门票价格管理实施办法(暂行)》规定,凡以游览参观为主要功能的世界遗产、风景名胜区、自然保护区、森林公园、文物保护单位,政府投资兴建的城市公园、博物馆,依托国家自然资源或文化资源投资兴建的游览参观点等门票价格实行政府指导价,其中，景区内游客自主选择性较强的载客运输服务价格实行市场调节价；未依托国家自然资源或文化资源，由商业性投资兴建的人造景观门票价格实行市场调节价。因此，云南省实行政府指导价的景区景点约有 400 个。由省、市价格主管部门按照权限定价的有 189 个，按照分级管理原则，省级价格部门管理的有 9 个，约占 4.8%；州（市）管理的有 87 个，约占 46%；县（市、区）管理的有 93 个，约占 49.2%（见附表1）。现以由省价格主管部门管辖的大理宾川鸡足山景区 2011 年的门票价格调整为例，总结现行景区门票定价的做法，分析存在的主要问题，为优化景区门票价格形成机制提供实证依据。

（一）大理宾川鸡足山景区基本情况

1. 地理位置及景区特色

宾川鸡足山位于云南省大理州宾川县西北部，距县城 24 公里，距杭瑞高速公路祥云收费站 80 公里，通过鸡足山旅游专用公路与云南省大理州大理市相连，相距 56 公里，旅游区位优越。

鸡足山景区是以展示佛教文化和生态景观为主的集佛事朝拜、佛学研究、观光旅游、科普科考为一体的多功能旅游景区，因其是佛教禅宗的发源地而享誉南亚、东南亚。1982 年，该景区被国务院列为第一批国家级风景名胜区大理景区的重要景点；1983 年，景区内的祝圣寺、铜瓦殿被列为全国汉族地区佛教重点寺院；1998 年，被列为昆明世博会重点接待景区；

1999年，被国家生态旅游年组委会列为香格里拉探秘游精选景点之一；2000年，被列为云南省面向世界推出的23个精品景区之一；2002年，被评为云南省首批文明风景旅游区；2003年，被评为国家4A级旅游景区；2005年，被授予省级青年文明号，并被评为云南省旅游产业发展先进集体；2007年，被评为中华十大名山之一。

2. 景区管理及开发现状

经大理州政府批准，2007年6月由宾川鸡足山管理委员会与大理旅游集团合作组建股份制企业——宾川鸡足山旅游投资开发有限公司（以下简称"公司"），注册资本为1亿元，负责景区的开发和经营。为把景区建设成国内一流、世界知名的精品景区和享誉南亚、东南亚的云南佛教第一名山，近年来公司先后投资近5亿元进行景点景观开发、寺院重建恢复、文物古迹保护和旅游服务设施配套建设及基础设施建设，推进了景区旅游索道改造、森林防火通道、景区观光车配置等重点项目；推行了ISO9001质量管理体系和ISO14001环境管理体系标准，实现了创建国家4A级旅游景区和省级文明风景旅游区目标；落实了景区环境整治、经营秩序规范、旅游安全、森林防火等综合管理，景区面貌大为改观；注重挖掘和展示景区佛教及历史文化，并依次加强旅游营销和市场推广，扩展了省内市场。

（二）景区申请价格调整的原因

依据价格部门规定的景区价格调整管辖权限及申请程序，

宾川鸡足山旅游投资开发有限公司 2007 年向省物价部门提交了调价申请，提出门票价格上调的主要原因，具体如下。

1. 弥补经营成本上升的实际

按照公司实际运营成本和新增固定投资情况，省物价局成本调查监审处牵头组成成本监审工作组，于 2011 年 5 月对公司 2008～2010 年的经营成本进行了监审，核定鸡足山景区门票收支情况：2008 年运营成本为 625.88 万元，全年游客人数达 165499 人次，单位完全成本为 37.82 元/人次；2009 年运营成本为 586.40 万元，全年游客人数达 189628 人次，单位完全成本为 30.92 元/人次；2010 年运营成本为 582.94 万元，全年游客人数达 202626 人次，单位完全成本为 28.77 元/人次。2008～2010 年平均单位完全成本为 32.50 元/人次。鸡足山景区提升改造项目投资 1.25 亿元，其中银行贷款 7426 万元（不含索道、观光车、停车场），项目实施后新增固定资产折旧和项目贷款利息转为财务费用，新增单位完全成本 34.25 元/人次。2008～2010 年平均单位完全成本加新增单位完全成本，鸡足山景区门票单位成本为 66.75 元/人次。

2. 有利于筹措资金，实现景区的可持续发展

根据成本监审报告，鸡足山景区门票单位运营成本为 66.75 元/人次。此外，宾川鸡足山旅游投资开发有限公司每年还需上缴地方财政 600 万元，上缴宗教事务及资源管理费 31.93 万元，上缴税收 57.92 万元。由于 2002 年批准的 60 元的门票价格偏低和年经营收入总量有限，景区经营管理、设施

维护修缮、景区资源保护经费难以保障。同时，随着森林防火通道、停车场及配套综合服务设施的建成和逐步完善，管理费用及运行费用将大幅攀升。适当调整景区门票，将有利于弥补景区升级改造和服务质量提升的资金缺口，有利于景区实现可持续发展。

3. 有利于提高景区服务品质，打造景区良好形象

鸡足山是大理州重要的旅游景区，为大理州旅游产业的发展提供了重要的支撑。在周边其他地区乃至全国高度重视旅游业发展，并把旅游产业作为支柱产业和令人民群众更加满意的现代服务业而加以培育的背景下，旅游市场竞争日趋激烈，旅游景区建设也必须与时俱进，不仅要对景区进行升级改造，而且要大力提升服务质量，树立良好形象，加大景区宣传营销，以吸引更多的客源。

（三）调价方案建议

公司认为，鸡足山门票价格自 2002 年调整为 60 元至 2012 年的 10 年时间，景区品质已有大幅提升，但与其他同质景区的门票价格差距较大，未体现景区品质与价格的对应。为实现对景区资源的有效保护，提升景区知名度和影响力，实现景区良好的品牌效应，进一步把鸡足山打造成具有国内外影响力和竞争力的佛教龙头景区，遵循弥补合理成本、取得合理利润、统筹兼顾经济发展水平及游客承受能力的原则，按照景区建设投资和运营成本测算，公司建议将宾川鸡足山门票价格由 60

元调整为 100 元。

（四）调价的合理性分析

依据申报材料及景区成本监审报告，物价部门最终将鸡足山景区门票上调为 80 元。根据公司申报材料及实际调研，课题组对鸡足山景区上调门票价格的合理性，做如下分析。

1. 从景区发展潜力分析

大理州是云南省实施旅游"二次创业"战略的重点地区之一，围绕构建昆明—大理—丽江滇西旅游线、大理旅游集散地、大理滇西旅游区的目标，大理州委州政府决定着力打造环洱海、环大理及环滇西三大旅游圈。鸡足山景区既是大理州旅游产业发展的重点，也是云南省旅游"二次创业"重点打造的景区之一。因此，围绕把鸡足山创建为国家 5A 级旅游区、全国文明风景旅游区和云南佛教第一名山的目标，公司 2000 年编制了《宾川鸡足山旅游景区总体规划》和《宾川鸡足山镇修建性详细规划》，后又编制了《鸡足山创建国家 5A 级旅游景区整改提升方案》。按照分期实施、逐步开发的原则，公司对鸡足山重点项目做了近、中、远期安排。其中，针对创建国家 5A 级旅游区、全国文明风景旅游区和年接待游客 100 万人次的世界知名的佛教名山的目标，公司制定的近期目标是提升改善景区内部通达条件，扩大景区游客接待容量；推进鸡足山旅游索道、碧云寺至玉皇阁森林防火通道、山门停车场及景区专线车营运、沙址至祝圣寺旅游公路提升改造等 5 个项目，项目概算投资1.975亿元。目前，5个项目已完成。景区近期建设目标的实现，彻底改变了历史以来制约景区发展的内部交通瓶颈，突出了佛教文化旅游的主题，改善了旅游基础设施及综合配套功能，提升了景区品位和档次。因此，通过提高门票价格，不断地对景区进行投入，实施升级改造，加大保护力度，不仅有利于景区的持续发展，而且对提升大理旅游形象具有重大意义。

另外，鸡足山景区客源市场结构从2002年到2010年已经发生了根本性的变化：2002年，鸡足山一级客源市场（昆明及周边城市）占20%，二级客源市场（除大理州外的省内各地州）占25%，三级客源市场（大理州内各县市）占55%；2010年，鸡足山一级客源市场占比升至43%，二级客源市场占比升至28%，三级客源市场占比降至19%，省外客源市场占10%。远距离客源市场的增加和近距离客源市场的降低，反映了景区的辐射力在逐步增强，也说明了景区的发展潜力巨大。

2. 从与同类型景区门票价格水平对比的角度分析

一般来说，景区门票价格反映景区的品质，因此门票具有信号传递功能。从全国范围看，全国首批5A级景区中的28家山岳型景区最高门票价格为245元（系指2010年执行的价格，下同），4A级山岳型亚丁景区门票价格是150元，3A级山岳型神农架景区门票价格是140元，山东省泰山风景区门票价格是125元，山西省五台山风景区门票价格是168元，浙江省普陀山风景区门票价格是200元，安徽省九华山风景区门票价格是 190 元，四川省峨眉山风景区门票价格是 150 元。与上述景区处于同类型、同档次的鸡足山景区的门票价格仅为 60 元（指调价前的价格），不到上述景区平均价格的 1/2。因此，上调鸡足山景区门票价格并使之同省内外同类景区门票价格保持合理比价，显得非常必要，不仅有利于提升鸡足山景区的品牌形象，而且有利于景区的升级改造和持续发展。

（五）鸡足山景区门票价格调整值得借鉴的做法

1. 保持景区门票价格的稳定性

由于旅游需求的弹性系数比较大，旅游者对旅游价格特别是旅游景区门票价格的变化相当敏感。如果景区门票价格变化过于频繁，会给潜在的旅游需求者带来心理上的不稳定感，挫伤他们旅游的积极性。同时，变化频繁的旅游景区门票价格也会给相关旅游经销商的促销带来困难。因此，旅游景区门票价格的相对稳定性很重要，不宜频繁调价而且调整幅度不宜过大。

宾川鸡足山景区自 2002 年以来从未上调过门票价格，一直到 2012 仍实行 60 元的门票价格，在长达 10 年的时间里一直保持门票价格水平的稳定。虽然景区门票价格要保持稳定性，但这是相对的，因为景区门票价格会受到物价水平、居民收入、市场供求关系等因素的影响，所以景区可以根据实际情况调整门票价格，国家发改委规定景区在 3 年内要保持景区门票价格不变，3 年之后可以按照景区自身情况决定门票价格是否调整。因此，宾川鸡足山景区在保持门票价格 10 年不变的情况下要求上调门票价格是合情合理的。

2. 坚持景区定价的公益性方向

景区作为公共事业的一部分，应体现公益性，体现政府执政为民的理念。从本质上讲，旅游景点除去部分是企业投资兴建的具有可复制性的投资品外，绝大多数是历史、地理等客观环境形成的，是属于国家、属于全社会的公共资源，每位公民都应享有欣赏权。调价后，宾川鸡足山景区作为一个 4A 级景区，在同类型景区中，其门票仍然维持较低价位，同时，对 1.2 米以下儿童、持离休证的离休人员、持老年优待证的老年人、持士兵证及军官证的现役军人实行免票，对持学生证的学生、持残疾证的残疾人实行半价优惠，对香客给予优惠等政策，鸡足山寺庵开光、法会期间及平时本山及外地出家、居士进入景区都给予免票。这些都很好地体现了公益性的特点。

3. 门票定价兼顾经济效益、公共效益和生态效益

景区门票的定价过程需要兼顾经济效益、公共效益和生态效益。具有公益性和准公益性的景区属于国家公共产品，具有社会福利性、公共效益和生态效益，因此在追求经济效益的同时，不应该忽视其公共效益和生态效益。一方面，旅游景区门票定价过高会使部分公众因价格原因无法进入景区，使其不能享受其应有的社会福利，降低旅游景区的公共效益；另一方面，如果景区的门票定价过低，则会出现过多的游客涌向景区的现象，这会加大景区的生态维护压力，影响其生态效益。因此要结合景区的生态环境状况、居民的消费能力和经济承受力制定合理的价格，从而制定三效合一的定价机制。

从宾川鸡足山景区门票定价的合理性分析来看，景区门票定价在坚持公益性的原则下，兼顾各方利益，制定了各方都能接受的门票价格，既符合旅游拉动经济发展的客观要求，又能使各利益相关者的利益最大化。从宾川鸡足山的实例可以看出，制定合理的门票价格可以很好地解决景区持续发展问题、极大地改善游览环境、提高服务质量，同时可以拉动旅游需求量，促使更多的旅游者前来观光游览，最终拉动地方旅游经济的发展。因此，科学的门票定价机制，一定要坚持公益性原则，兼顾经济效益、公共效益和生态效益的均衡，使各方都实现利益的最大化。

二　云南省旅游景区门票价格上调的动因分析

从云南省物价部门管辖的宾川鸡足山景区门票上调的案例来看，无疑景区门票价格具有合法性、合理性和科学性，对促进景区的持续发展必将起到极大的推动作用，这不仅得益于省级价格部门依法行政和以高度的责任感来维护正常价格秩序、促进地区旅游业健康发展的执政意识，而且得益于景区经营者坚持社会效益与经济效益统一的经营理念。然而，由于云南省景区价格"省管"的景区仅有9个，仅占4.8%；州（市）和县（市、区）管辖的占95.2%（见附表1）。难以保证所有景区的价格定价或调整都能够科学、合理。因此，构建科学、合理的价格形成及调整机制,特别是对遏制当前不断上涨的门票价格趋势,具有重要的现实意义。然而,构建科学的价格形成机制,首先要弄清景区门票价格上涨的动机和原因。近年来景区门票上涨的原因主要有以下几个方面。

(一) 国家用于景区发展的财政支持有限

旅游景区作为一种准公共物品,具有非常明显的公益性质。国外低价的景区门票显示出明显的社会福利性,一是由于许多景区能享受到本国政府用于景区发展的专项资金;二是由于国外景区的运营经费能够通过多种途径取得,门票收入在景区的收入结构中的占比往往较低,国家财政拨款、社会赞助、景区的商业性收入等能够确保景区可以实行较为低廉的门票价格。例如,美国、加拿大政府规定对投资公益事业的收入在税收上给予优惠,甚至免税;政府鼓励个人捐助公益事业等。与国外相比,一方面,我国给予景区的财政补贴有限,分配到各景区已是"杯水车薪";另一方面,景区其他形式的收入也不多,致使很多景区将门票收入作为主要来源,门票收入甚至是有些景区的唯一收入来源,若要对景区升级改造和提高服务品质,其经费就只能通过门票收入来解决了。因此,通过提高门票价格来增加收入以弥补资金缺口成为各景区最直接的办法和首要选择。

(二) 景区投入成本增加

景区资源由于具有独特性和稀缺性而难以替代和改造,因此要提升景区的经营效益和服务水平，就要靠完善景区的硬件设施和软件服务，这将会增加景区的投入成本，包括有形成本和无形成本。有形成本通常包括按照景区级别要求所必须达到的要求，如旅游资源的维护，道路工程的建设，标识标牌、公共服务设施及安全保障设施的修缮维护，人力资源投入，生态环境及文物保护等费用；无形成本包括员工学习培训、宣传促销费用、资源补偿费用等。作为景区，这些成本的增加大多要通过门票价格上涨的方式来进行转化，这也是门票上涨的原因之一。

（三）景区等级的提升

旅游景区作为旅游产业链的核心环节，目前已成为推动旅游业向深度发展的动力源、旅游产业新的增长极。旅游业高速发展给旅游景区带来空前发展机遇的同时，加剧了旅游景区间的竞争，其中服务质量的好坏已成为竞争成败的关键。提高旅游景区服务质量的关键是景区服务质量标准化，为此，国家标准《旅游景区质量等级的划分与评定》（GB/T17775）应运而生。该标准既是衡量旅游景区（点）管理和服务水平的标尺，又是旅游景区（点）开发建设的重要规范，是旅游产品建设的重要依据。旅游景区等级的评定，不仅能够极大地提升景区品牌形象，而且能够通过"以评促建"推进旅游景区的开发、建设、保护、经营和管理，改变旅游景区重开发、轻保护，重硬件设施、轻软件服务，重资源价值利用、轻产品完善的现状。因此，等级评定过程即景区升级改造、规范化建设的过程，必然需要大量的资金投入，而这些资金投入，也只能通过门票收入的提高来解决。所以，景区等级的提升，也就成为景区门票上调的直接推手。

（四）景区旅游项目的增加

旅游景区要承担旅游吸引物的重任，同时根据市场需求，还要承担观光游览以外的其他责任，以满足不同层次游客的休憩、体验、购物、娱乐等需求。作为独立的经济实体，景区也是以追求经济效益为前提的，因此难免会产生或必将产生各类消费项目的建设和投入需求。增加景区旅游项目的建设和投入，一方面是为了提升景区知名度，扩大市场占有份额；另一方面是为了增加游客消费，创造更多的收入。实践证明，旅游经营项目越多的景区，越容易被更多的游客接受，即消费的"趋同"原理。这些项目费用有的是通过上涨景区综合门票价格的方式解决，有的是通过增加游客在景区的二次消费解决。

相比较而言，景区更愿意通过捆绑式的办法来保障收入费用的增长。从调查的情况来看，景区门票的上涨几乎是通过对核心项目进行分离或者对标志性吸引物进行区隔来实现的，例如，环保交通车、区间电瓶车、索道、游船等。对个别游客量极大的景区来说，这是一种有效的方法。

（五）控制游客数量、保护景区环境

近年来，我国旅游出游人数猛增，景区人满为患、交通拥堵，尤其是在重要节假日、节庆活动或旅游旺季。对旅游景区而言，游客的大量涌入会给景区带来许多问题：一是人数过多造成的拥挤和设施、设备的超负荷运转，会给旅游者人身安全埋下隐患；二是景观过度利用，缺乏必要的休养生息，可能会给景区自然生态环境，尤其是一些不可恢复的文物古迹等资源带来安全隐患；三是景区接待服务水平大打折扣，旅游质量下降，旅游者观光游览效果大受影响，长此以往，无疑会影响景区的对外形象和整个旅游业的社会效应。根据供需平衡的原理，若供给大于需求，则价格较低，反之则价格较高。当旅游景区的承载量无法扩大时，一些旅游景区就会采取提高门票价格，利用价格杠杆来调节游客流量以达到控制游客数量和保护景区环境的目的。

三 云南省旅游景区门票定价机制存在的主要问题

根据前面分析，科学的门票定价机制应该既包括价格部门"看得见的手"的有效监管，又包括市场价格机制"看不见的手"的微观调节。依据门票价格形成机制理论，结合云南门票价格管理实际，分析其存在的问题，归纳起来主要有如下几个方面。

（一）定价主体问题

利用公共资源建设的景区实行政府定价或政府指导价，定价主体是政府部门；商业性开发的旅游景区实行市场调节价，定价主体是景区投资者或经营者。对利用公共资源建设的景区定价主体，按照《云南省游览参观点门票价格管理实施办法（暂行）》实行分级管理：省级价格主管部门管理在国内外享有较高声誉、游览人数较多、具有代表性的游览参观点门票价格；州（市）级价格主管部门管理知名度较高、游览人数达一定规模的游览参观点门票价格；其他游览参观点门票价格由县（市、区）级价格主管部门管理。然而在实际操作中，认定标准的弹性过大，出现了分级管理未能体现景区知名度、影响力或等级的情况。如省价格部门管辖的9个景区中有2个5A级景区、4个4A级景区，还有1个2A级景区、2个未评定等级景区（见附表1-1）。这些景区整体上还不能代表云南旅游景区的最高水准。

（二）定价方法问题

目前实行政府定价或政府指导价的景区，主要采用成本定价方式。为科学估算景区成本，《云南省游览参观点门票价格管理实施办法（暂行）》不仅要求景区经营者上报近三年的经营状况，而且要求对景区开展成本调查审核或成本监审。然而，景区经营性质决定了其价格成本的模糊性或隐蔽性，加之物价部门在成本监审过程中需要考虑诸多难以控制的因素，如景区与周边设施配套问题、政府前期投入成本后又经历市场化运作的景区是否应该予以折旧回收等因素，导致价格部门在实际定价过程中科学核定景区成本存在一定困难性，特别是州

(市）或县（市、区）级管辖的景区，其门票收入往往是地方政府重要的财政来源。

（三）门票价格运行机制问题

在门票价格运行机制方面，存在忽视市场供求关系、缺乏灵活的浮动票价机制等问题。主要表现在两个方面：一方面，云南省旅游景区的定价大多采取以成本为依据的定价机制，景区部门为获得较高的门票价格而采用提高成本的方法，往往导致游客数量远低于其承载量，进而出现景区经营效率低下问题；另一方面，云南省旅游景区自然风光居多，旅游经营与季节变化的敏感度较高，旅游景区门票价格大多没有根据旅游资源的变化和旅客的实际需求进行波动性定价，淡旺季一成不变的价格未能充分考虑市场供求关系的影响，不仅导致淡季进入的游客觉得物非所值，而且造成景区资源的浪费和接待设施的闲置。

（四）门票收入的关联效应问题

旅游是一个带动性很强的产业。因此，旅游产业应由门票经济转型为产业经济。一个地区成熟的旅游模式应该是低门票，靠延伸产业链增加收入，景区投入和维护由政府补贴。更重要的是，景区应实现从重"量"到重"质"的转变，提升住宿、娱乐、度假等的服务品质，从而提高消费价格黏性，增加回头客。然而在云南省，门票收入仍是旅游景区的主要收入来源，当景区成本增加时，补偿增加成本的方式主要局限于提高门票价格，并未充分考虑旅游的整体过程、提升门票收入的关联效益以及带动吃、住、购、娱的消费过程。

四 云南省旅游景区门票定价机制优化的必要性

随着云南省旅游业的不断发展，现行的门票定价方式和机制在一定程度上已经制约了旅游产业的进一步发展。只有制定规范、合理的定价机制，才能促进云南省旅游业的进一步发展。

（一）旅游景区门票定价机制优化，是提高旅游业整体规模效益，促进云南旅游业可持续发展的要求

旅游业是云南省的战略支柱型产业，是以旅游景点为结点的，包括"吃、住、行、游、购、娱"等多个方面为一体的产业链。合理、规范的定价，有利于吸引更多的旅游者。旅游者的增加，必定可以带动相关产业的发展，从而带动旅游地经济社会的整体发展，提高整体效益；同时，经济社会的不断发展，也可以相应带动当地基础设施的改善、从业人员素质的提高、服务质量的提升，从而对旅游景点的发展形成助力，最终形成良性循环，实现旅游景区的可持续发展。

（二）旅游景区门票定价机制优化，是提高云南旅游行业社会效益的要求

旅游景点作为一种特殊的公共资源，在制定门票价格时，

不可避免地要考虑其兼顾公平的社会效益。合理、规范的定价，不仅有利于更好地发挥其社会效益，而且有利于使旅游业对文化的传播、经济的促进作用最大化。

（三）旅游景区门票定价机制优化，是规范旅游景区门票价格管理，促进云南旅游业做强做优的必然要求

当前，国际国内旅游行业竞争日益激烈，云南旅游行业尚未形成相对统一的门票定价机制与服务标准，不利于云南整体打造国际性旅游区域目标的实现。加速门票经济向产业经济转变，提高整体竞争实力是云南省旅游行业需要迫切解决的问题，为此，云南旅游景区应转变经营方式，逐步由单一观光旅游向"大旅游"方向转变，减少门票收入占景区总收入的比例，增强景区的综合营利能力；应从规范门票定价机制入手，推进旅游景区不断改造升级和提升服务质量，深度挖掘相关产业潜力，带动旅游产业链条共同发展，从而助推区域旅游经济整体上台阶、服务上水平、质量上档次。

总体来讲，云南省已经建立了门票分级管理机制，但门票定价标准仍需要进一步完善，加之云南景区类别较多，旅游发展水平不一，原有的管理办法已经难以适应新形势下发展的需求。改变门票与成本单一挂钩的闭环经济模式，增加市场需求动态因素定价机制，利用税收、资源补偿费等办法调剂和平衡门票水平，总体控制和降低云南门票在旅游产值中的比重，是云南建设国际性旅游区域的首要任务。

第七章　云南旅游景区门票价格形成机制的优化

结合云南旅游景区门票价格管理实际，运用相关价格定价研究理论，针对门票价格形成中存在的主要问题，在优化传统门票价格形成机制的基础上，构建既能促进旅游支柱产业形成和发展、保护性开发旅游资源，又能兼顾旅游者、景区经营者、当地群众和政府各方利益，与资源价值相符并能反映供求关系、动态调整、有升有降的门票价格形成机制，不仅对价格管理部门提升景区门票价格监管效能，而且对促进旅游景区的持续发展，有着极为重要的现实意义。

一　定价目标的优化

已于2013年10月1日实施的《旅游法》，是我国旅游景区门票价格管理领域效力最高的法律。因此，依据《旅游法》的规定，应对旅游景区门票定价目标进行如下优化。

(一)严控利用公共资源建设的景区的门票,以及景区内交通工具等另行收费项目价格上涨

世界自然、文化遗产,风景名胜区、自然保护区、历史文化街区、重点文物保护单位等利用公共资源建设的景区,其依托的资源具有较强的观光、游览价值,其主要吸引力来自公共资源,其价格应体现公共资源的公益性。

1. 严格控制价格上涨

严格控制景区门票价格上涨是景区价格管理的基本原则和要求。客观上说,"门票经济"在中国具有一定的历史背景,是发展中国家经济起步阶段难以回避的一个问题,收取门票对促进旅游业发展、控制景区流量、保护资源环境起到过一定的作用。但这种模式应当是阶段性的,随着我国经济规模的不断增长和发展方式的转变,旅游活动日益成为人民大众的普遍需求,甚至有些活动成为基本需求,"门票经济"已经不符合我国当前经济转型升级、建立和谐社会、小康社会发展阶段的要求,因此需要对这种模式做出适当调整,严格控制景区门票价格的不断上涨。

2. 在定价机制上,实行政府定价或者政府指导价

依照《价格法》规定,政府指导价是指由政府价格主管部门或者其他有关部门,按照定价权限和范围规定基准价及其浮动幅度,指导经营者制定的价格。政府定价,是指由政府价格主管部门或者其他有关部门,按照定价权限和范围制定的价

格。政府在必要时可以对资源稀缺的少数商品价格、重要的公益性服务价格实行政府指导价或者政府定价。政府指导价、政府定价的定价权限和具体适用范围，以中央和地方的定价目录为依据，地方定价目录由省、自治区、直辖市人民政府制定，以下各级地方人民政府不得制定定价目录。根据原国家计委《游览参观点门票价格管理办法》（计价格〔2000〕2303号）的规定，游览参观点门票价格依其关系社会文化生活和国际国内旅游的重要程度，分别实行政府指导价、政府定价，其定价权限和具体适用范围，以地方定价目录为依据。目前，各地基本通过地方定价目录的方式，明确了实行政府指导价和政府定价的景区。

根据《旅游法》的规定，实行政府定价或者政府指导价的，不单是利用公共资源建设的景区的门票，还包括利用公共资源建设的景区内的"园中园"等游览场所和索道、摆渡车船、电瓶车等交通工具的收费。这些项目的建设、改造可能属于商业性投资，但其仍然依托了公共资源，其门票定价原则应考虑投入的必要回报，但同样应当体现公益性，因此也必须严格控制其价格上涨。

3. 在定价程序上，拟收费或者提高价格应当听证

听证是《价格法》确立的制度，即"制定关系群众切身利益的公用事业价格、公益性服务价格、自然垄断经营的商品价格等政府指导价、政府定价，应当建立听证会制度，由政府价格主管部门主持，征求消费者、经营者和有关方面的意见，

论证其必要性、可行性"。旅游法规定利用公共资源建设的景区及景区内的游览场所、交通工具等拟收费，或者现有的景区及其相关服务拟提高收费标准的，应当举行听证会，征求旅游者、经营者和当地居民、相关部门等有关方面的意见，从而保障价格调整的公开、公平、公正、效率，以增加价格调整的科学性和透明度，保障旅游者、经营者等相关方面关于景区门票及相关收费定价的知情权和参与权，使各利益相关方的诉求和意见得到有效表达，从而充分论证价格调整的必要性和可行性。

为保证景区价格的科学性，国家发改委要求在海内外享有较高声誉的重要景点门票价格的制定和调整实行听证会制度，要求消费者代表不少于总代表人数的1/3。

合理的听证会制度能反映消费者的心声、代表政府部门及相关专家的意见。我国现行听证会代表结构不明确，执行程序多流于形式，我们应确保景区门票价格审核过程的民主化和公开化。

首先，明确听证会代表结构。应在确定"以外地游人为主的游览参观点"名录的基础上，明确规定本地消费者、外地消费者、旅行社、政府官员、有关专家、行业协会等代表的合理比例及人数，以加强与社会各界人士的有效沟通、确保价格调整听证会的民主性，使会议决策代表广大人民的利益。

其次，听证会要公开化，接受社会监督。在旅游景区门票价格审核的过程中，应诚邀各新闻媒介参与，及时向公众传达听证会的审核过程、审核结果，让公众明白审核采取了哪些意见、没有采取哪些意见以及原因何在；同时要通过互联网等媒介对听证会进行在线直播、在线查询、在线疑问解答等，为公众提供一个公开、透明、方便的门票价格调整信息交流渠道。

最后，听证会的整个过程要受到法律的监督，杜绝违法行为的出现。在听证会上，有的景区为了达到涨价的目的而提供虚假材料，这在一定程度上是对消费者的欺诈。因此，法律监管部门要对整个听证会过程进行公正，确保旅游景区在听证会上所提供材料的真实性，以提高调价方案的科学性，保证听证会的公平合理性。

4. 严禁通过增加另行收费项目等方式变相涨价

在规定政府定价和政府指导价的基础上，为了防止利用公共资源建设的景区变相涨价，明确其不得通过增加另行收费项目等方式变相涨价。另行收费项目也即景区内的游览场所、交通工具等项目。政府在核定这些另行收费项目价格时，需要考虑收回成本的大概年限，在大概年限之后，应当降低价格或者取消收费，对此各方都有监督权。

（二）公益性城市公园、博物馆、纪念馆应逐步免费开放

公益性主要是指非营利性和社会效益性。《旅游法》规定，利用公共资源建设的游览场所应当体现公益性质。《旅游

法》特别规定，公益性的城市公园、博物馆、纪念馆等，除重点文物保护单位和珍贵文物收藏单位外，应当逐步免费开放。其原因是，城市公园与人民群众的生活密切相关，是人民日常休憩、锻炼、放松的基本生活必需品；博物馆、纪念馆免费开放符合世界文物展示业的发展趋势，有利于完善我国现代国民教育体系和教育功能，有利于发挥博物馆和纪念馆的社会价值，有利于加强国际文化交流和中华民族优秀文化的宣传推广。

但考虑到一些重点文物保护单位和珍贵文物收藏单位资源保护的特殊性，《旅游法》未对此类景区提出逐步免费开放的要求，因此在实际中这些景区或参观游览点依然可以向价格部门申请收取一定门票用于资源的保护或维护。

二 定价范围的优化

（一）对商业性投资旅游景区或游览参观点门票价格实行市场自主定价

《游览参观点门票价格管理办法》第二条规定，"本办法适用于除商业性投资所建景观外的公园、博物馆、文物古迹、自然风景区等游览参观点门票价格"。也就是说目前价格形成机制及监管范围，并未将商业性景区纳入其中。随着旅游业的迅猛发展，特别是《国务院关于加快旅游业发展的意见》（国发〔2009〕41号）鼓励民营资本投资旅游业，将来必然会有大量的商业性景区出现。为发挥市场在资源配置中的决定性作用，应对商业性投资旅游景区或游览参观点实行市场调节价，定价权由投资主体享有，价格部门对经营者的价格行为进行监督检查。

（二）将旅游景区内交通运输、导游讲解等延伸价格纳入政府指导价管理

实践证明，景区内的交通运输、导游讲解、停车场等，一般为垄断经营，难以引入竞争机制，大多不具备实行市场调节价的基础，所以，应将此类价格纳入政府指导价。倘若只管理一个门票价格，而不对其延伸服务、附加服务的价格进行管理，往往会引发诸多矛盾，是粗放型管理的表现，不利于游客权益的维护。

三 定价主体的优化

《游览参观点门票价格管理办法》实施以后，原国家计委将景点门票价格管理权限下放到地方，我国实际实行的是省、市、县三级定价管理模式。省和省以下价格主管部门具体如何划分游览参观点门票价格管理权限，原国家计委在《游览参观点门票价格管理办法》中未做规定，但各省份在具体执行过程中，大多做出了规定，包括云南省。如前面分析，鉴于云南省景区门票价格管理存在未能按质分级、分级相对不合理的问题，建议将定价主体及监管范围优化如下。

（一）省价格行政主管部门

其一，负责制定全省旅游景区或游览参观点门票价格管理办法。

其二，监督各地贯彻落实国家和省有关旅游景区或游览参观点门票价格政策。

其三，调控全省旅游景区或游览参观点门票价格总水平。

其四，审批国家5A级旅游景区、世界自然和文化遗产旅游景区、国家重点风景名胜区、国家级自然保护区的门票价格。

（二）州（市）价格行政主管部门

其一，负责贯彻落实上级有关旅游景区或游览参观点门票价格的政策。

其二，审批辖区内4A级旅游景区及森林公园、自然保护区、国家级和省级文物保护单位的门票价格。

其三，协调辖区内旅游景区或游览参观点门票价格水平和价格调整时机。

（三）县（市、区）价格行政主管部门

其一，负责贯彻落实上级有关旅游景区或游览参观点门票价格的政策。

其二，审批辖区内3A级及以下其他旅游景区或游览参观点门票价格。

四 定价类别的优化

云南旅游景区种类众多,不同的景区由于投资主体不一样,其性质也不一样,大致可以分为三种:公益性景区、商业性景区、混合型景区。具体定价原则如下:对保护性开放的重要文物古迹、大型博物馆、重要的风景名胜区和自然保护区,门票价格按有利保护和适度开发的原则确定;与居民日常生活密切相关的城市公园等,门票价格按照充分考虑居民承受能力、适当补偿成本费用的原则确定;各级地方价格部门管理的旅游景区门票价格不应高于上一级价格部门管理的同类游览景区门票价格。

(一)公益性景区

公益性景区,又可以称为公共资源型旅游景区,是指那些依托自然景观、文物古迹、文教设施等社会公共资源,由政府部门或社会团体代表国家行使管理权的旅游景区,主要包括自然保护区、世界文化遗产和世界自然遗产以及城市公园、博物馆等。这一类旅游景区具有以下特点。

第一,公益性景区具有公共产品性质,是全国人民乃至全世界人民共同拥有的财富,产权属于国家,不归所在地区和任何利益集团或个人所有,其中世界文化遗产是祖先留下的全民财富,世界自然遗产是天地造化留下的全民财富。

第二,公益性旅游景区在功能上强调综合效益的实现,除了在经济上具有促进区域经济发展的作用外,在区域社会文化的保护和自然环境的优化等方面起重要作用，并对游客具有一定的教育意义。

第三，公益性旅游景区由政府部门或社会团体代表国家行使管理权。

公益性景区的门票定价应当免费或较少收费，力争让全民能够公平地共享，避免垄断利润，避免对低收入人群的不公正，鼓励游客旅游；同时向未成年人、学生、家庭、学校等重点受教育人群和组织倾斜，以达到最大的社会公益效果。因此，公益性景区应该采取政府定价的门票价格机制，具体做法如下。

其一，景区门票执行政府定价策略，实行低门票价格或者免门票，旅游景区的保护成本、开发成本、维护成本、管理成本等费用全部或部分由政府承担。

其二，景区具有公共产品性质，要保证旅游资源的永续性，就要采取可持续发展战略，将门票和其他旅游要素产业和关联产业获得的正常利润，用于弥补部分正常成本。

其三，景区应对残疾人、老年人、未成年人等特殊人群给予相应的便利和优惠，并向学生等重点受教育人群和学校等组织倾斜，以达到最大的社会公益效果。

其四，景区可以多渠道募集资金，例如，以募捐、彩票等方式吸纳社会闲散资金，以补充运营经费。

其五，景区在获得政府财政补贴和社会捐助的同时，必须承担财务公开的义务，公示账目状况，接受社会监督，景区所在地的地方政府和其他利益集团或个人都不得挪用公益性景区的经费和收入。

其六，景区必须在免票或低门票带来的旅游需求过旺的情况下限制每日游客接待量，以达到保护旅游资源的目的。

（二）商业性景区

商业性旅游景区指由各类不同的投资主体完全出于营利的目的而建造的旅游景区，从事商业性经营、以经济效益最大化为经营管理目标是这一类旅游景区的基本特征。商业性旅游景区往往不依托所在地传统的旅游资源，而依靠开发商投入资本、土地、文化创意等旅游发展要素，是人为建造的景区，这类旅游景区具有明显的三个特点：其一，产权属于开发商及相关利益集团或个人，具有私人产品性质；其二，从事商业性经营、以经济效益最大化为经营管理目标；其三，旅游资源具有很强的可替代性和风险性，是纯市场化产品，客源市场需求变动明显。因此，这类景区在理想状态下应采取市场导向定价的门票价格机制，具体如下。

其一，景区门票价格完全由企业自主决策，进行市场化定价，企业根据市场供求关系的变化调整门票价格，自负盈亏，独立承担门票价格涨落的市场后果，各方不能对商业性景区门票价格涨落进行干涉，企业只需在主管部门依法备案。

其二，景区在依法经营的情况下，没有义务对外界进行财务公开（上市公司对股东公开除外），门票收入由企业自主支配。

其三，景区可根据企业营销的需要自主实行门票价格优惠方案。

(三) 混合型景区

混合型旅游景区指依托所在地的森林、一般人文古迹等国有资源，同时依靠开发商投入资本、土地、文化创意等旅游发展要素，产生市场价值的景区。具有以下主要特征。

第一，混合型旅游景区的旅游资源属于国有性质的公共资源，由企业作为开发商获得经营权，在一定年限内，根据承包经营权合同投入资本，开发市场化的旅游产品并以此获得一定的利润。

第二，混合型旅游景区所依托或借助的旅游资源具有国有性质，因此企业对旅游资源进行开发利用时，要注重保护资源和环境。

第三，混合型旅游景区市场价值的形成与企业投入的资本、土地、文化创意等其他旅游发展要素密切相关，因此具有"混合形态"的产权特征。

第四，混合型景区具有"混合形态"产品的属性，门票价格在制定时需要体现一定的公益性，即具有一定的教育、人文、爱国、生态等公益层面的正外部效应。

混合型旅游景区引入的其他投资主体虽然支付了公共性资源的使用费，但其仅获得了旅游景区的专营权，旅游资源仍属于国家，因此混合型旅游景区具备部分公共性和公益性，门票定价必须考虑公众的利益。此外，混合型旅游景区的投资主体由于对景区的开发投入了一定成本，所以会考虑在承包合同约定年限内收回成本投入，并创造利润回报，因此门票价格方案必然紧紧围绕投资主体的成本收益情况制定。同时，混合型景区具备部分市场性，其门票价格在一定程度上受供求关系的影响，一定幅度的价格升降属于正常现象，政府不能过度干预。因此，混合型旅游景区在理想状态下应采取利益均衡模式的门票价格机制，具体如下。

第一，景区门票价格必须在企业利益与公众利益之间寻求平衡点，要以获利为目标实行自主的市场定价，同时需要必要的政府干预，换言之，既不能完全由市场定价（因为市场不代表公共利益），又不能完全由政府定价（因为政府不承担经营成本）。

第二，景区应执行政府指导价或政府最高限价，企业在政府规定的门票价格浮动幅度内有权自主定价。

第三，景区在依法经营的情况下，没有公开财务的义务（上市公司对股东公开除外），门票收入由企业自主支配，但政府对企业的行为具有监督权，要通过规范操作的公开听证等程序，对门票价格中包含的景区开发、经营相关的成本投入因素，景区产品的市场价值因素，与门票价格升降联动的景区衍生收入变化因素等指标进行科学、细化的测算，制定对公众有利的门票价格运行空间，不能过度压缩景区企业的门票收入空间。

第四，景区门票价格会受市场供需关系的影响，企业部分承担门票价格涨落的市场后果。当这类景区面临上市等与门票收入或门票收入变化相关的资本运作时，要对景区资产中的国有部分和非国有部分进行剥离计算，由企业和政府分别承担各自的产权责任。

第五，景区所实行的门票价格优惠方案，需要部分承担社会公益义务，保证公众尤其是需要照顾的特殊人群的旅游权利。

五 定价方法的优化

(一) 成本定价方法的优化

1. 门票价格成本核算的一般原则

门票价格成本核算的一般原则包括五个方面：合法性、相关性、合理性、权责发生制和平稳性。其中，合法性、相关性和权责发生制主要反映定价成本质的特性，合理性和平稳性主要反映定价成本量的特性。

第一，合法性。合法性是指定价成本的各项费用应当按照有关法律、行政法规和国家统一的会计制度的规定进行核算；不符合有关法律、行政法规和国家统一的会计制度以及国家有关政策规定的，不能计入定价成本。合法性是定价成本的一个必要条件，但不是充分必要条件，并非所有符合法律法规和有关政策规定的费用都可以计入定价成本。

第二，相关性。相关性是指计入定价成本的费用，应当是与政府定价的游览参观点或为游览参观点提供服务过程中产生的直接相关或间接相关的全部费用。相关性是定价成本的基础。一个企业一般不会只从事一种产品或服务的生产经营活动，如部分旅游景区除经营接待游客游览观光外，还兼顾经营观光车、索道等其他营业性项目；即使只从事一种产品或服务的生产经营活动，所有的支出也不会都与该种产品的生产经营活动有关。定价成本是指政府定价的某个特定产品或某项特定服务的生产经营成本。按照相关性原则要求，与生产经营活动及过程无关的费用不能计入定价成本。相关性也是定价成本的一个必要条件。

第三，权责发生制。凡是本期成本应负担的费用，不论款项是否支付，均应计入本期成本；凡是不属于本期成本应负担的费用，即使款项已经支付，也不得计入本期成本。权责发生制也是定价成本的一个必要条件。

第四，合理性。合理性是指定价成本应当反映生产经营活动的正常需要，并按合理方法、合理标准核算；影响定价成本各项费用的主要技术、经济指标应当符合行业标准或公允水平。合理性原则还体现在对未来一定时期内企业成本变化的合理预期。合理性是定价成本的核心，是区别于会计成本的根本特性。

第五，平稳性。平稳性是指定价成本应当反映相对较长时期内的成本水平，在核算定价成本时应当优先选择使不同年度成本水平平缓变化的方法。政府定价有一套规范的定价程序，价格的制定总会有一个过程，价格调整频率不宜太快，游览参观点门票价格调整通常为3年，不可能根据企业成本变化随时调整价格。因此，在核算定价成本时，应当尽量减少或消除一些非经常的或非连续的成本费用支出对成本水平产生的影响。这在固定资产的计提和大额费用的分摊上体现得尤为明显。比如，为加速固定资产更新换代，会计准则允许企业按照加速折旧法计提折旧。但在成本监审工作中，如果仍然采用加速折旧法核算定价成本，势必使年度之间的折旧额相差较大，从而导致成本水平前高后低，因此一般采用年限平均法。又如，对于开办费用，按照会计制度可以一次摊销，但政府定价时却不能一次摊销，只能按一定年限逐年摊销；对于一些经常性费用，还可以采用多年平均数来确定，这也是一种熨平成本变化幅度的方法。

2. 合理性的判断

定价成本是否合理，主要从三个方面进行判断。

首先，成本构成的合理性。定价成本构成规定了允许计入定价成本的费用项目和范围。定价成本构成与企业会计成本构成不一定完全一致。从成本构成的范围上看，定价成本可能等于会计成本，也有可能小于或大于会计成本。一般来说，市场化程度较高的服务和商品，其定价成本构成与企业会计成本构成基本一致，而对于具有资源性产品特征的、容易破坏植被、对自然环境造成影响的游览参观点产品来说，定价成本构成范围通常会大于企业会计成本，在考虑其定价成本时，除了考虑企业会计成本，还应当考虑资源成本和环境成本。合理的定价成本构成不但应当反映正常生产经营活动的要求，而且应当符合价格监管的目标和发展前景。

其次，核算方法的合理性。核算方法主要指多种产品（服务）之间、关联产品之间的成本分配和费用分摊方法。定价成本核算方法以会计成本核算方法为基础，尊重行业普遍认可的成本分配和费用分摊方法。但是，从定价成本的角度考虑，即使是行业普遍采用的成本核算方法，也不一定是完全合理的。比如，一些企业既经营政府定价的服务项目，又经营自主定价的其他项目，这些企业通常会将共同发生的费用较多地分摊到政府定价的项目上，这是基于企业利益的正常选择；核算定价成本时，必须兼顾投资经营者与消费者两方面的利益，根据实际情况确定相对合理的核算方法，使共同发生的费用能够在政府定价的项目和自主定价的项目之间得到较为公正的分摊。

最后，成本水平的合理性。定价成本的合理性主要体现为对成本数量的测量、核算和评价，成本水平的合理性是定价成本合理性的主要内容。成本水平既包括总成本水平，也包括单位成本水平。判断成本水平是否合理，至少应当考察以下六个方面：第一是有关法律和政策已经明确规定了核算标准或比例的费用项目，如工会经费、职工教育经费、社会保险费等，其支出额或支出比例是否符合规定的标准；第二是有关法律和政策规定了取值标准范围或比例范围的，如固定资产折旧年限等，其支出额或核算比例是否在规定的取值范围之内；第三是对于影响费用的相关技术经济指标，如职工人数等，要判断其是否与行业技术标准或行业平均需求水平基本相当；第四是对于重要费用项目，要判断其实际是否与市场价格水平或行业公允水平基本相当。如原材料、设备的实际进货价格应与同期同类产品正常、合理的市场平均价格基本一致，实际贷款利率应与同期资本市场平均贷款利率基本一致；第五是引用相关部门确定的成本核算标准时，要判断其标准是否基本符合实际情况。如财务制度规定的重要固定资产折旧年限远远低于实际可使用年限，就不能直接采用财务制度的规定，而必须根据实际情况进行调整；第六是要判断项目建设是不是存在过度超前建设的问题，设计服务生产能力是不是远远高于一定时期内实际利用的生产能力。如一些地方政府部门视门票为财政收入来源，不顾客观实际，盲目追求大而新，标新立异，加大超前投入。所谓的可行性论证其实是不可行的，景区建成使用后，最为明显的落差就是游客量根本达不到可行性报告中所预测的数量。当然，由于生产经营情况的差异，判断成本水平是否合理也需要考虑很多其他方面的因素，需要门票价格成本监审部门进行缜密的研究并进行制度设计。

3. 成本核算过程的优化

景区门票价格定价成本监审工作程序，指具体实施成本监审的工作步骤和每个步骤的工作内容。景区参观服务定价成本分为定调价监审工作程序和定期监审工作程序。这两种程序基本一致，仅在开始阶段略有区别。其区别具体表现为以下五个方面。

第一，经营者提供成本资料。凡实施定调价监审的，经营者在提出定调价建议的同时需要向成本监审机构提交成本资料；实行定期监审的，由成本监审机构向所有经营者直接下达成本监审通知书。其中经营者数量众多的，价格主管部门可根据具体情况选定一定数量有代表性的经营者实施成本监审，并向所选定的经营者下达成本监审通知书。经营者根据价格主管部门下达的成本监审通知书的要求，向成本监审机构报送成本资料。

经营者需要提供的资料包括以下几种：成本监审机构规定的报表，经财政、审计、会计事务所等社会中介机构年度审核的财务会计报告，有关主要费用的明细核算表，经营者基本情况说明，成本核算说明及其他有关资料。对于未正式营业的景区，经营者应当提供由具有审批权的单位审查批准的可行性研究报告以及工程预算等。

第二，成本监审机构初审。凡实行定调价监审的，成本监审机构应在一定时限内进行初审。成本资料不完整的，应当以书面形式要求经营者补充提供有关资料。初审合格的，发出成本监审通知书。成本监审通知书，应注明成本监审对象、成本监审商品或服务名称、实施日期及要求等，监审机构应将通知书通过书面方式送达经营者。实行定期监审的，成本监审机构应对经营者报送的成本资料进行初审；对初审不合格的，应当书面向经营者说明理由并规定补报时间。

第三，成本监审机构审核经营者成本。初审合格后，成本监审机构按照成本监审工作方案，对经营者成本进行调查和审核。工作方案包括日程安排，工作组人员名单及分工，工作内容，工作步骤，所需材料及费用支出预算等。成本监审工作组由两名以上成本监审人员组成，必要时可邀请相关技术、经济、财会等方面的专家参与监审工作。与经营者有直接或间接利益关系的人员应当回避。定调价监审，原则上应当进行实地成本监审，对经营者所提供的相关材料进行核实，可根据成本监审工作需要，要求经营者提供审计报告、会计报表、账簿、凭证、经营管理记录、相关合同与协议等原件或正本。定期监审，一般情况下需要对经营者所提供的成本及有关资料进行集中审核，并可根据需要通过书面方式要求经营者补充有关资料，必要时可进行实地成本监审。

第四，核算定价成本。成本监审机构应遵照有关法律、法规和规章的规定，按省级以上价格主管部门统一制定的定价成本监审办法及有关规定，对经营者提供的成本资料进行调整，核定景区参观服务定价成本。在调整经营者提供的成本资料过程中，成本监审机构对经营者成本核增核减的意见和理由，应当及时书面告知经营者；经营者对成本核增核减意见有异议的，可向成本监审机构提出书面意见并说明理由。

第五，提交成本监审报告。成本监审机构完成定价成本核算工作后，应当客观、公正、全面、准确地向价格主管部门提交成本监审报告，并抄送有关景区经营者。成本监审报告应包括成本监审项目，成本监审依据，成本监审程序，成本监审的主要内容，经营者成本核增核减情况及理由，经营者成本核定表，定价成本及其他需要说明的事项。成本监审报告应由两名以上成本监审工作组成员签名，并加盖成本监审机构公章。

（二）定价方法的创新

目前，旅游景区门票定价主要采用成本定价方法。如前面所述，景区经营性质决定了其价格成本的模糊性或隐蔽性，与景区相关的一些特定的利益群体为使短期利益达到最大化，在进行门票定价成本核算时往往扩大成本范围，最终影响门票价格定价的准确性。为此，本书经过实证研究，提出一种质量导向定价法。该定价法是在马永立、谈俊忠等（2000）提出的"风景区门票价格数学模型"和国家标准《旅游景区质量等级评定与划分》（GB/T17775 – 2003）评定细则的基础上，结合实证研究提出的、经改良的定价模型——"旅游景区质量导向门票定价模型"。该模型不仅考虑了门票的基本价位，而且考虑了影响门票价格的弹性因素。现将该模型的构成、内涵、计算方法和计算过程阐述如下。

1. "旅游景区质量导向门票定价模型"的构成及计算过程

（1）模型构成

景区基本价格是门票价格的关键部分。因此景区基本价格的计算是模型的首要目标。本书认为，计算景区门票价格的关键因素是旅游景区资源特色、面积、服务质量和利润率，因此，该模型考虑四个方面的价格因素，即景区特色、景区规模、服务质量及利润率,并在此基础上设定次一级的 17 个价格因子,并根据这些因子对门票价格的重要程度,对其分配不同的权重值(见表 7 – 1)。

(2) 指标因子内涵说明及计算过程

①景区资源特色(T)

表 7 – 1 云南旅游景区门票定价模型指标因子权重及比例

价格因素	因子	比例(%)
景区特色 (权重值 0.45)	1.1 资源品位度	18
	1.2 资源完整度	6
	1.3 历史文化科学价值	4
	1.4 景区组合度	10
	1.5 资源珍稀度	17
	1.6 景观奇特度	16
	1.7 美誉度	15
	1.8 知名度	14
景区规模 (权重值 0.15)	2.1 游览面积	100
服务质量 (权重值 0.30)	3.1 旅游交通	15
	3.2 游览服务	25
	3.3 旅游安全	10
	3.4 卫生	15
	3.5 通信	5
	3.6 旅游购物	15
	3.7 综合管理	15
利润率 (权重值 0.10)	4.1 景区利润	100

景区特色，是指景区旅游资源在其结构、品质、规模体量、文化氛围等方面显示出的稀有性、悠久性以及地域差异等固有属性。一些越具有垄断性、典型性、特异性特点的旅游景区，越能对游客产生巨大吸引力，因此，特色是风景区赖以生存和发展的命脉，是衡量景区质量的主导指标。为科学量化景区特色的等级，将景区特色分解为资源品位度、资源完整度、历史文化科学价值、景区组合度、资源珍稀度、景观奇特度、美誉度和知名度8个因子，每个因子又分为5个等级，对每个因子的每个等级按照层次分析法赋予相应的权重值（见表7-2）。景区特色评价指数的计算公式为：

$$T_a = \left(\sum_{i=1}^{8} d_{ix}\right) \cdot q_t \quad (7.1)$$

式（7.1）中，T_a 为景区 a 的景区特色评价指数；i 为该景区某一特色因子，$i=1, 2, 3, \cdots, 8$；d_{ix} 为赋予第 i 个因子 x 级特色指标的权重值；特色是风景区质量指标的主体，因此其对门票价格的贡献率应为最大，为显示旅游资源特色在风景区的突出地位，赋予景区特色45%的权重值，即 $q_t = 0.45$。

表7-2 云南旅游景区门票定价模型因子指标等级及权重

因子		指标	权重值
1. 景区特色（权重值 q_t 为0.45）	1.1 资源品位度（权重值：0.0810）	1.1.1 观赏游憩价值非常高	0.0810
		1.1.2 观赏游憩价值高	0.0486
		1.1.3 观赏游憩价值一般	0.0219
		1.1.4 观赏游憩价值低	0.0077
		1.1.5 观赏游憩价值非常低	0.0022

续表

因子		指标	权重值
1. 景区特色（权重值 q_t 为0.45）	1.2 资源完整度（权重值：0.0270）	1.2.1 资源实体完整无缺，保持原来形态与结构	0.0270
		1.2.2 资源实体完整，基本保持原来形态与结构	0.0162
		1.2.3 资源实体基本完整，基本保持原来结构，形态发生少量变化	0.0073
		1.2.4 原来形态与结构均发生少量变化	0.0026
		1.2.5 原来形态与结构均发生大量变化	0.0008
	1.3 历史文化科学价值（权重值：0.0180）	1.3.1 同时具有极高历史价值、文化价值、科学价值，或其中一类价值具有世界意义	0.0180
		1.3.2 同时具有很高历史价值、文化价值、科学价值，或其中一类价值具有全国意义	0.0108
		1.3.3 同时具有较高历史价值、文化价值、科学价值，或其中一类价值具有省级意义	0.0049
		1.3.4 同时具有一定历史价值，或文化价值，或科学价值，或其中一类价值具有地区意义	0.0017
		1.3.5 同时具有一定历史价值，或文化价值，或科学价值	0.0005
	1.4 景区组合度（权重值：0.0450）	1.4.1 组合度非常好，在10km内有2个以上其他景区	0.0450
		1.4.2 组合度好，在10~20km有2个以上其他景区	0.0270
		1.4.3 组合度一般，在20~40km有2个以上其他景区	0.0122

续表

因子	指标	权重值
1. 景区特色（权重值 q_1 为 0.45）	1.4 景区组合度（权重值：0.0450）	
	1.4.4 组合度差，在 40～80km 有 2 个以上其他景区	0.0043
	1.4.5 组合度非常差，在 80km 外有 2 个以上其他景区	0.0013
	1.5 资源珍稀度（权重值：0.0765）	
	1.5.1 有大量珍稀物种，或有世界级资源实体	0.0765
	1.5.2 有较多珍稀物种，或有国家级资源实体	0.0459
	1.5.3 有少量珍稀物种，或省级资源实体	0.0207
	1.5.4 有个别珍稀物种，或有地区级资源实体	0.0073
	1.5.5 物种或资源实体一般	0.0021
	1.6 景观奇特度（权重值：0.0720）	
	1.6.1 景观异常奇特	0.0720
	1.6.2 景观奇特	0.0432
	1.6.3 景观比较突出	0.0194
	1.6.4 景观突出	0.0068
	1.6.5 景观一般	0.0020
	1.7 美誉度（权重值：0.0675）	
	1.7.1 景区声誉非常好，能够得到 84% 以上游客和绝大多数专业人员的赞美	0.0675
	1.7.2 景区声誉较好，能够得到 68% 以上游客和大多数专业人员的赞美	0.0405
	1.7.3 景区声誉一般，能够得到 52% 以上游客和多数专业人员的赞美	0.0182
	1.7.4 景区声誉较差，仅得到 36% 以上游客和多数专业人员的赞美	0.0064
	1.7.5 景区声誉非常差，仅得到少于 36% 的游客和多数专业人员的赞美	0.0019

续表

因子		指标	权重值
1. 景区特色（权重值 q_t 为0.45）	1.8 知名度（权重值：0.0630）	1.8.1 世界知名	0.0630
		1.8.2 全国知名	0.0378
		1.8.3 省内知名	0.0170
		1.8.4 州（市）内知名	0.0064
		1.8.5 县（市、区）内知名	0.0019
2. 景区规模（权重值 q_g 为0.15）		2.1 游览面积≥20km²	0.1500
		2.2 游览面积≥5km²	0.0900
		2.3 游览面积≥3km²	0.0405
		2.4 游览面积≥1km²	0.0143
		2.5 游览面积＜1km²	0.0042
3. 服务质量（权重值 q_f 为0.30）	3.1 旅游交通（权重值：0.0450）	3.1.1 可进入性：外部交通工具抵达景区的便捷程度	0.0210
		3.1.2 自配停车场地：能够满足日常旅游轿车停车需求	0.0090
		3.1.3 内部交通：进出口分设，线路设计形成环线，观赏面大，有利于游客游览、疏散；游步道设计特色突出，有文化性效果	0.0150
	3.2 游览服务（权重值：0.0750）	3.2.1 门票设计：设计制作精美，背面有游览简图和咨询、投诉、紧急救援电话	0.0030
		3.2.2 游客中心：位置合理，标识醒目，造型、色彩、外观与景观相协调，规模满足游客需要	0.0120
		3.2.3 标识系统：全景图正确标识出主要景点及旅游服务设施的位置，标识牌规范、图案直观明了，维护好，中英文对照说明准确	0.0210

续表

因子	指标	权重值
3. 服务质量（权重值 q_f 为 0.30）		
3.2 游览服务（权重值：0.0750）	3.2.4 宣教资料：导游图、明信片、画册、音像制品、研究论著、科普读物等配置齐全	0.0060
	3.2.5 导游服务：导游数量、语种配置与游客接待规模和旅游景区性质相适应	0.0120
	3.2.6 游客公共休息设施和观景设施：布局合理，数量充足，能满足需要，与周围环境协调	0.0150
	3.2.7 特殊人群服务：有盲道、无障碍设施，配置残疾人轮椅、老年人使用的拐杖、儿童使用的童车等	0.0060
3.3 旅游安全（权重值：0.0300）	3.3.1 安全制度建设：有满足需要的安全保护机构、制度与人员	0.0030
	3.3.2 安全处置：有预案，安全处置快捷、高效	0.0030
	3.3.3 安全设备设施：布局合理、配置齐全、维护好	0.0090
	3.3.4 安全警告标志、标识：规范、醒目	0.0060
	3.3.5 安全宣传：安全说明或须知规范、位置醒目，重点景区（水上项目、滑雪场）安装安全广播	0.0030
	3.3.6 医疗救护服务：设立医务室或配备医护人员，救护通道畅通有效	0.0060

续表

因子		指标	权重值
3. 服务质量（权重值 q_f 为 0.30）	3.4 卫生（权重值：0.0450）	3.4.1 环境卫生：无乱堆、乱放，无污水、污物、污垢，无剥落	0.0120
		3.4.2 废弃物管理：不污染地面、河流，不留垃圾	0.0090
		3.4.3 吸烟区管理：标志清楚且管理到位	0.0030
		3.4.4 餐饮服务：就餐环境和服务态度良好，菜式有特色，规模符合需求，价格合理	0.0060
		3.4.5 厕所：布局、位置合理，数量充足，厕所设备质量好、卫生状况好	0.0150
	3.5 通信（权重值：0.0150）	3.5.1 公用电话设置：数量充足，设置合理	0.0060
		3.5.2 接收移动电话信号：景区大部分地方能接收移动电话信号	0.0090
	3.6 旅游购物（权重值：0.0450）	3.6.1 购物场所：布局合理，造型、色彩、材质与景观环境相协调，不破坏主要景观，不妨碍游客游览	0.0150
		3.6.2 购物场所管理：环境整洁，秩序良好，无围追兜售、强卖强买现象	0.0120
		3.6.3 商品经营从业人员管理：有统一管理措施和手段	0.0090
		3.6.4 旅游商品：具有本旅游景区的特色	0.0090

续表

因子		指标	权重值
3. 服务质量（权重值 q_f 为0.30）	3.7 综合管理（权重值：0.0450）	3.7.1 机构与制度：管理机构健全，职责分明，规章制度完善	0.0030
		3.7.2 企业形象：有独特的产品形象、良好的质量形象、鲜明的视觉形象和文明的员工形象	0.0090
		3.7.3 培训：有科学、完善的员工岗位培训制度，培训效果好	0.0060
		3.7.4 游客投诉及意见处理：游客投诉渠道畅通，投诉及意见处理及时、高效	0.0120
		3.7.5 旅游景区宣传：宣传渠道多样，传播、受众面广	0.0090
		3.7.6 电子商务：已通过互联网宣传促销、查询、门票预订	0.0060
4. 利润率（权重值 q_l 为0.10）		4.1 景区利润率≥20%	0.0007
		4.2 景区利润率≥15%	0.0600
		4.3 景区利润率≥10%	0.0270
		4.4 景区利润率≥5%	0.0095
		4.5 景区利润率<5%	0.0028
合计			1.0000

由于每个因子均分为5级，评价指标多为主观性评价，因此为保证评价的科学性，建议采用李克特量表评价法，由多位评价者对各项指标的态度倾向或者满意度进行评价（计分方法见表7-3）。将回收的评价内容排序并转化为数值型数据后，通过进行分析统计，结合标准差，满意度平均分（M值）<

1.80，表示评价者对问卷项评价非常不好、非常否定、非常不满意或者非常反对。满意度平均分（M 值）为 1.80~2.59，表示评价者对问卷项评价不好、否定、不满意或者反对。满意度平均分（M 值）为 2.60~3.39，表示评价者对问卷项评价一般；保持中立；既不肯定，也不否定；既不支持，也不反对。满意度平均分（M 值）为 3.40~4.19，表示评价者对问卷项评价好、肯定、满意或者支持。满意度平均分（M 值）>4.20，表示评价者对问卷项评价非常好、非常肯定、非常满意或者非常支持。态度倾向评价照此类推。

表 7-3　景区质量评价计分说明

对应权重等级	M 值	计分内涵
5	>4.20	非常好；非常肯定；非常满意；非常支持
4	3.40~4.19	好；肯定；满意；支持
3	2.60~3.39	评价一般；保持中立；既不肯定，也不否定；既不支持，也不反对
2	1.80~2.59	不好；否定；不满意；反对
1	<1.80	非常不好；非常否定；非常不满意；非常反对

②景区规模（G）

景区规模指旅游景区内游览面积（S）的总和。游览面积的大小一方面可以体现旅游景区资源的丰富程度、景区在安排设施建设和组织服务等方面投入的多少；另一方面可以影响游客在景区逗留时间的长短、游客在游览中得到服务与欣赏风景的多少，因此，景区的规模也是反映景区质量特征的一项指标，是构成门票价格的基本因素之一。景区规模指数的计算公式为：

$$G_a = S_x \cdot q_g \tag{7.2}$$

式（7.2）中，G_a为景区a的景区规模评价指数；S_x为赋予x级的权重值，$x = 1, 2, 3, \cdots, 5$；由于景区规模因素对门票价格的贡献相对较小，因此对其赋予15%的权重值，即$q_g = 0.15$，按层次分析法分配到各级（见表7-2）。

③服务质量（F）

景区服务质量的优劣直接影响游客对景区的感知效果，是衡量旅游景区整体质量的一个重要指标，因而也是构成风景区门票价格的基本因素之一。如何衡量服务质量的优劣？我国国家标准《旅游景区质量等级的划分与评定》（GB/T 17775-2003）为解决旅游景区服务质量指标量化难题提供了理论依据和可行措施。据此，通过调研，构建旅游景区服务质量评价指标体系（见表7-2）。景区服务质量指数的计算公式为：

$$F_a = \left[\sum_{m=1}^{7} \left(\sum_{i=1}^{n} f_{ix} \right) \cdot q_m \right] \cdot q_f \tag{7.3}$$

式（7.3）中，F_a为景区a的服务质量评价指数；m为某一服务因子，$m = 1, 2, 3, \cdots, 7$；$i = 1, 2, 3, \cdots, n$；f_{ix}为赋予第i项x级服务指标的权重值，x为5级（见表7-2）；q_m为赋予m项因子的权重值；景区优质服务是游客顺利完成游览活动的重要保证，其对门票价格的贡献较大，因此对其赋予30%的权重值，即$q_f = 0.30$。

④景区利润率（L）

景区利润率是旅游景区总收入（含门票收入及其他经营收

入）与景区净利润的百分比。景区利润率是反映旅游景区品质等级的重要指标，同时景区获得较高的利润也能够为景点建设提供经济支撑，从而实现景区的持续发展，因此，利润率也是景区门票价格的影响因素之一。景区利润率指数的计算公式为：

$$L_a = l_x \cdot q_l \quad (7.4)$$

式（7.4）中，L_a 为景区 a 的利润指数；l_x 为赋予 x 级的权重值；$x = 1，2，3，\cdots，5$；考虑到游客与旅游景区双方的利益，将景区利润率在门票定价体系中的比重设定为 10%，即 $q_l = 0.10$，并按层次分析法分配到各级（见表 7 - 2）。

（3）单位指数价位（D_j）拟定

单位指数价位是指赋予构成门票价格基本因素指数为 1 个百分点的价格，是门票价格数学模型的关键部件。其适度与否，将影响定价模型的科学性和准确性。考虑景区门票现状，本书认为运用数理统计取一定区域范围内所有景区门票价格中位数的方法最为适宜，计算公式如下：

$$D_j = \frac{C_j}{C_z} \quad (7.5)$$

式（7.5）中，D_j 为单位指数价位；C_j 为一定区域范围内所有景区现行门票价格组成统计数列的中位数；C_z 为实行中位数的景区门票价格所有因子的指数。

（4）景区基本价格计算

根据单位指数价位（D_j），结合景区评价因子综合指数（权重值），即可计算某一景区门票的基本价格。其公式为：

$$J_a = D_j \cdot (T_a + G_a + F_a + L_a)$$

$$= D_j \cdot \left\{ \left(\sum_{i=1}^{8} d_{ix} \right) \cdot q_t + S_x \cdot q_g + \left[\sum_{m=1}^{7} \left(\sum_{i=1}^{n} f_{ix} \right) \cdot q_m \right] \cdot q_f + l_x \cdot q_l \right\}$$
(7.6)

（5）考虑弹性因素的门票价格计算

景区门票价格的弹性因素，是指因市场和供求关系制约而影响景区门票价格运行的因素，如市场物价涨跌变化、旅游消费的季节性等，这些因素都在不同程度上影响景区门票价格的走势，因此在景区门票定价时应加以考虑。结合相关文献研究，考虑弹性因素的门票价格计算公式为：

$$S_a = J_a \cdot (1 \pm W_j \pm D_{wz})$$ (7.7)

式（7.7）中，S_a 为考虑了弹性因素的 a 景区门票价格；J_a 为 a 景区门票基本价格；W_j 为市场物价浮动指数，考虑我国相关物价政策及游客消费承受能力，以 2012 年 CPI 涨幅控制在 4% 以内为依据，设定物价浮动指数为 -4% ~ 4%；D_{wz} 为淡旺季浮动指数，鉴于景区旅游的季节性一般比较明显，淡旺季客流量相差较大，为了避免旺季人满为患、淡季旅游产品闲置低效、实现促销增效和切实保护旅游资源与旅游生态环境，实施淡旺季门票价格浮动策略，因此，根据相关文献研究，淡季浮动指数取 -0.3 ~ 0.4，旺季浮动指数取 0.06 ~ 0.2。

2. 旅游景区门票定价模拟

旅游景区门票定价模型用于景区门票定价，首先应计算一定行政区域的单位指数价位（D_j），然后再计算景区的价格因子指数，两者的乘积即为该景区合理的门票价格。下面用三种方法分别计算单位指数价位。

(1) 以云南 A 级景区门票价格水平现状为基础的单位指数价位模拟计算

以云南 A 级旅游景区门票价格现状为基础的定价，即单位指数价位（D_j）的拟定以云南省目前所有 A 级景区价格中位数计算 D_j。即假定现在的旅游景区价格总体水平是合理的（具体到某一个景区的门票价格，则可能不尽合理），在此基础上计算单位指数价位（D_j）。

①价格中位数（C_j）选择

以 2013 年云南省景区门票价格为例，云南共有 97 个 A 级景区实行政府定价或政府指导价，其中 5A 级景区有 5 个，4A 级景区有 42 个，3A 级景区有 24 个，2A 级景区有 25 个，1A 级景区有 1 个。收费最高的是 5A 级景区石林风景名胜区，其门票价格为 175 元；最低的是 2A 级景区晋宁郑和公园，其门票价格为 2.5 元。运用数理统计方法，计算出云南 A 级景区按照政府定价或政府指导价收费的价格中位数是 50 元，即 $C_j = 50$。因此，以在云南省比较有代表性的 4A 级景区西双版纳傣族园为例（其门票为 50 元），计算云南 A 级景区单位指数价位（D_j）。

②价格因子指数（C_z）评价

通过赴西双版纳傣族园实地考察得出价格因子指数（见表 7 - 4），即 $C_z = 0.3759$。

表7-4　西双版纳傣族园景区门票价格因子

因子		指标	权重值	合计
1. 景区特色	1.1 资源品位度	1.1.2 观赏游憩价值高：4级	0.0486	0.2087
	1.2 资源完整度	1.2.3 资源实体基本完整，基本保持原来结构，形态发生少量变化：3级	0.0073	
	1.3 历史文化科学价值	1.3.3 同时具有较高历史价值、文化价值、科学价值，或其中一类价值具来省级意义：3级	0.0049	
	1.4 景区组合度	1.4.4 组合度一般，在40~80km有2个以上其他景区：2级	0.0043	
	1.5 资源珍稀度	1.5.2 有较多珍稀物种，或有国家级资源实体：4级	0.0459	
	1.6 景观奇特度	1.6.3 景观比较突出：3级	0.0194	
	1.7 美誉度	1.7.2 景区声誉较好，能够得到68%以上游客和大多数专业人员的赞美：4级	0.0405	
	1.8 知名度	1.8.2 全国知名：4级	0.0378	
2. 景区规模		2.3 游览面积≥3km²：3级	0.0405	0.0405
3. 服务质量	3.1 旅游交通	3.1.1 可进入性：3级	0.0057	0.0152
		3.1.2 自配停车场地：4级	0.0054	
		3.1.3 内部交通：3级	0.0041	
	3.2 游览服务	3.2.1 门票设计：3级	0.0008	0.0310
		3.2.2 游客中心：3级	0.0032	
		3.2.3 标识系统：4级	0.0126	
		3.2.4 宣教资料：2级	0.0006	
		3.2.5 导游服务：3级	0.0032	
		3.2.6 游客公共休息设施和观景设施：4级	0.0090	
		3.2.7 特殊人群服务：3级	0.0016	

续表

因子		指标	权重值	合计
3. 服务质量	3.3 旅游安全	3.3.1 安全制度建设：4级	0.0018	0.0075
		3.3.2 安全处置：3级	0.0008	
		3.3.3 安全设备设施：3级	0.0024	
		3.3.4 安全警告标志、标识：3级	0.0016	
		3.3.5 安全宣传：2级	0.0003	
		3.3.6 医疗救护服务：2级	0.0006	
	3.4 卫生	3.4.1 环境卫生：3级	0.0032	0.0106
		3.4.2 废弃物管理：3级	0.0024	
		3.4.3 吸烟区管理：2级	0.0003	
		3.4.4 餐饮服务：2级	0.0006	
		3.4.5 厕所：3级	0.0041	
	3.5 通信	3.5.1 公用电话设置：3级	0.0016	0.0106
		3.5.2 接收移动电话信号：5级	0.0090	
	3.6 旅游购物	3.6.1 购物场所：3级	0.0041	0.0100
		3.6.2 购物场所管理：2级	0.0011	
		3.6.3 商品经营从业人员管理：3级	0.0024	
		3.6.4 旅游商品：3级	0.0024	
	3.7 综合管理	3.7.1 机构与制度：3级	0.0008	0.0148
		3.7.2 企业形象：3级	0.0024	
		3.7.3 培训：2级	0.0006	
		3.7.4 游客投诉及意见处理：3级	0.0072	
		3.7.5 旅游景区宣传：3级	0.0032	
		3.7.6 电子商务：2级	0.0006	
4. 利润率		4.3 景区利润率≥10%：3级	0.0270	0.0270
合计				0.3759

③单位指数价位（D_j）计算

根据上述分析，计算单位指数价位（D_j）：

$$D_j = \frac{C_j}{C_z} = \frac{50}{0.3759} \approx 133 \qquad (7.8)$$

④计算各景区的门票基本价格及市场门票价格

各景区的门票基本价格计算公式为：

$$J_a = D_j \cdot (T_a + G_a + F_a + L_a)$$

$$= 133 \cdot \{(\sum_{i=1}^{8} d_{ix}) \cdot q_t + S_x \cdot q_g + [\sum_{m=1}^{7}(\sum_{i=1}^{n} f_{ix}) \cdot q_m] \cdot q_f + l_x \cdot q_l\}$$

$$(7.9)$$

式（7.9）中，J_a 为 a 景区的基本价格，$T_a + G_a + F_a + L$ 为 a 景区价格构成因子指数之和。

按照上述分析，假设某一景区的价格构成因子指数最大值为1，则门票价格最高为133元，因此，根据该景区门票定价模型计算，云南旅游景区较为科学的最高门票价格应该不超过133元。

（2）以云南非A级景区门票价格水平现状为基础的单位指数价位模拟计算

以云南非A级旅游景区门票价格水平现状为基础的定价，即单位指数价位（D_j）的拟定以云南省目前所有非A级景区价格中位数计算 D_j。

①价格中位数（C_j）选择

截至2013年年底，云南共有93个非A级景区实行政府定价或政府指导价，其中收费最高的是腾冲北海湿地景区，其门票价格为110元；收费最低的有普洱龟山公园、观音寺、大理将军洞、小普陀、弥渡天生桥、南涧灵宝山、玉溪界鱼石7个景区，其门票价格均为 2 元。运用数理统计方法，计算出云南非 A 级景区按照政府定价或政府指导价收费的价格中位数为 30 元，即 $C_j = 30$。因此，以具有一定代表性的大理苍山景区为例（其门票为 30 元），计算云南非 A 级景区单位指数价位（D_j）。

②价格因子指数（C_z）评价

通过实地考察，得出大理苍山景区价格因子指数（见表 7 - 5），即 $C_z = 0.2681$。

表 7 - 5　大理苍山景区门票价格因子

因子		指标	权重值	
1. 景区特色	1.1 资源品位度	1.1.2 观赏游憩价值高：4 级	0.0486	0.1473
	1.2 资源完整度	1.2.3 资源实体基本完整，基本保持来有结构，形态发生少量变化：3 级	0.0073	
	1.3 历史文化科学价值	1.3.4 同时具有一定历史价值，或文化价值，或科学价值，或其中一类价值具有地区意义：2 级	0.0017	
	1.4 景区组合度	1.4.2 组合度好，在 10~20km 有 2 个以上其他景区：4 级	0.0270	
	1.5 资源珍稀度	1.5.3 有少量珍稀物种，或有省级资源实体：3 级	0.0207	
	1.6 景观奇特度	1.6.4 景观突出：2 级	0.0068	
	1.7 美誉度	1.7.3 景区声誉一般，能够得到 52% 以上游客和多数专业人员的赞美：3 级	0.0182	
	1.8 知名度	1.8.3 省内知名：3 级	0.0170	
2. 景区规模		2.3 游览面积 ≥3km²：3 级	0.0405	0.0405

续表

因子		指标		权重值	
3. 服务质量	3.1 旅游交通	3.1.1	可进入性：3级	0.0057	0.0125
		3.1.2	自配停车场地：4级	0.0054	
		3.1.3	内部交通：2级	0.0014	
	3.2 游览服务	3.2.1	门票设计：2级	0.0003	0.0180
		3.2.2	游客中心：2级	0.0011	
		3.2.3	标识系统：3级	0.0057	
		3.2.4	宣教资料：2级	0.0006	
		3.2.5	导游服务：2级	0.0011	
		3.2.6	游客公共休息设施和观景设施：4级	0.0090	
		3.2.7	特殊人群服务：1级	0.0002	
	3.3 旅游安全	3.3.1	安全制度建设：3级	0.0008	0.0050
		3.3.2	安全处置：3级	0.0008	
		3.3.3	安全设备设施：2级	0.0008	
		3.3.4	安全警告标志、标识：3级	0.0016	
		3.3.5	安全宣传：3级	0.0008	
		3.3.6	医疗救护服务：1级	0.0002	
	3.4 卫生	3.4.1	环境卫生：3级	0.0032	0.0058
		3.4.2	废弃物管理：2级	0.0009	
		3.4.3	吸烟区管理：1级	0.0001	
		3.4.4	餐饮服务：1级	0.0002	
		3.4.5	厕所：2级	0.0014	
	3.5 通信	3.5.1	公用电话设置：1级	0.0002	0.0011
		3.5.2	接收移动电话信号：2级	0.0009	
	3.6 旅游购物	3.6.1	购物场所：2级	0.0014	0.0043
		3.6.2	购物场所管理：2级	0.0011	
		3.6.3	商品经营从业人员管理：2级	0.0009	
		3.6.4	旅游商品：2级	0.0009	

续表

因子		指标	权重值	
3. 服务质量	3.7 综合管理	3.7.1 机构与制度：3 级	0.0008	0.0066
		3.7.2 企业形象：2 级	0.0009	
		3.7.3 培训：2 级	0.0006	
		3.7.4 游客投诉及意见处理：3 级	0.0032	
		3.7.5 旅游景区宣传：2 级	0.0009	
		3.7.6 电子商务：1 级	0.0002	
4. 利润率		3 级：景区利润率≥10%	0.0270	0.0270
合计				0.2681

③单位指数价位（D_j）计算

根据上述分析，得出单位指数价位（D_j）：

$$D_j = \frac{C_j}{C_z} = \frac{30}{0.2681} \approx 112 \quad (7.10)$$

④计算各景区的门票基本价格及市场门票价格

将 D_j 换成 112，其余与前面相同。

（3）以全国 5A 级景区门票价格水平现状为基础的云南旅游景区单位指数价位模拟计算

①价格中位数（C_j）选择

以 2013 年为例，我国 5A 级景区的平均门票价格为 109 元。为此，将平均门票价格 109 元定为价格中位数。云南的 5A 级景区门票价格接近这一价位的是迪庆普达措国家公园，当时门票价格为 110 元[①]，因此选取普达措国家公

---

① 指 2013 年 4 月 1 日调价前的门票价格。

园为价格中位数景区，即 $C_j = 110$，计算云南 5A 级景区单位指数价位（D_j）。

②价格因子指数（C_z）评价

通过实地考察，得出普达措国家公园价格因子指数（见表 7-6），即 $C_z = 0.8652$。

表 7-6　普达措国家公园门票价格因子

因子		指标	权重值	
1. 景区特色	1.1 资源品位度	1.1.1 观赏游憩价值非常高：5 级	0.0810	0.3690
	1.2 资源完整度	1.2.1 资源实体完整无缺，保持原来形态与结构：5 级	0.0270	
	1.3 历史文化科学价值	1.3.2 同时具有很高历史价值、文化价值、科学价值，或其中一类价值具有全国意义：4 级	0.0108	
	1.4 景区组合度	1.4.2 组合度好，在 10~20km 有 2 个以上其他景区：4 级	0.0270	
	1.5 资源珍稀度	1.5.2 有较多珍稀物种，或有国家级资源实体：4 级	0.0459	
	1.6 景观奇特度	1.6.1 景观异常奇特：5 级	0.0720	
	1.7 美誉度	1.7.1 景区声誉非常好，能够得到 84% 以上游客和绝大多数专业人员的赞美：5 级	0.0675	
	1.8 知名度	1.8.2 全国知名：4 级	0.0378	
2. 景区规模		2.1 游览面积 ≥ 20km²：5 级	0.1500	0.1500

续表

因子		指标		权重值	
3. 服务水平	3.1 旅游交通	3.1.1	可进入性：5级	0.0210	0.0450
		3.1.2	自配停车场地：5级	0.0090	
		3.1.3	内部交通：5级	0.0150	
	3.2 游览服务	3.2.1	门票设计：5级	0.0030	0.0702
		3.2.2	游客中心：5级	0.0120	
		3.2.3	标识系统：5级	0.0210	
		3.2.4	宣教资料：4级	0.0036	
		3.2.5	导游服务：5级	0.0120	
		3.2.6	游客公共休息设施和观景设施：5级	0.0150	
		3.2.7	特殊人群服务：4级	0.0036	
	3.3 旅游安全	3.3.1	安全制度建设：5级	0.0030	0.0252
		3.3.2	安全处置：5级	0.0030	
		3.3.3	安全设备设施：4级	0.0054	
		3.3.4	安全警告标志、标识：5级	0.0060	
		3.3.5	安全宣传：4级	0.0018	
		3.3.6	医疗救护服务：5级	0.0060	
	3.4 卫生	3.4.1	环境卫生：5级	0.0120	0.0346
		3.4.2	废弃物管理：5级	0.0090	
		3.4.3	吸烟区管理：5级	0.0030	
		3.4.4	餐饮服务：3级	0.0016	
		3.4.5	厕所：4级	0.0090	
	3.5 通信	3.5.1	公用电话设置：3级	0.0016	0.0070
		3.5.2	接收移动电话信号：4级	0.0054	
	3.6 旅游购物	3.6.1	购物场所：4级	0.0060	0.0324
		3.6.2	购物场所管理：5级	0.0120	

续表

因子		指标	权重值	
3. 服务水平	3.6 旅游购物	3.6.3 商品经营从业人员管理：5 级	0.0090	
		3.6.4 旅游商品：4 级	0.0054	
	3.7 综合管理	3.7.1 机构与制度：5 级	0.0030	0.0318
		3.7.2 企业形象：5 级	0.0090	
		3.7.3 培训：4 级	0.0036	
		3.7.4 游客投诉及意见处理：4 级	0.0072	
		3.7.5 旅游景区宣传：4 级	0.0054	
		3.7.6 电子商务：4 级	0.0036	
4. 利润率		5 级：景区利润率≥20%	0.1000	0.1000
合计			0.8652	

③单位指数价位（D_j）计算

根据上述分析，得出单位指数价位（D_j）：

$$D_j = \frac{C_j}{C_z} = \frac{110}{0.8652} \approx 127 \quad (7.11)$$

④计算各景区的门票基本价格及市场门票价格

将 D_j 换成 127，其余与前面相同。

（4）模型评价及运用

通过前文的分析和计算，得出 D_j 分别为 133、112、127，最高值和最低值相差 21，单位指数价位（D_j）分布较为集中，说明该定价模型基本能够反映当前云南旅游景区门票定价实际，具有一定的科学性、较高的正确性和较强的可操作性，对云南旅游景区门票定价或调价具有重要的参考价值。

今后景区的定价或调价可选择上述经过计算的单位指数价位（D_j），在实地评定拟定价或调价景区的各项因子指数的基础上，通过模型计算，便可得到该景区门票参考价格。

当然，上述模型的关键指标——单位指数价位（D_j）的计算，均是在假定当前的门票价格总水平是合理的基础上计算的。在实际运用中，可结合本书第三章关于云南省旅游景区门票价格水平现状，适当浮动单位指数价位（D_j），以使云南省旅游景区的价格水平基本上与西部地区平均水平相当，然后在此基础上，通过模型计算具体拟定价或调价景区的基本价格，供价格管理部门决策参考。

六 定价程序的优化

《云南省游览参观点门票价格管理实施办法（暂行）》规定，成本监审及召开价格听证会是价格定价程序的两个重要的环节。建议采用以景区质量为导向的定价方法，因此除继续强化成本监审环节外，可对定价程序做如下优化。

（一）科学测评景区价格因子指数，计算门票参考价格

按照分级管理原则，价格主管部门组织由价格行政管理干部、旅游行政管理干部、景区资深经营管理者及景区研究专家学者联合组成的测评专家组，依据前文优化设计的定价方法模型，实地测定景区各项价格因子指数，再通过模型计算，得出

景区的门票参考价格，供听证会代表及价格部门决策参考。测算参考价格的关键，是专家组对各项价格因子指数的准确评定。因此，为保证各项价格因子评定的准确性、避免人为干扰及权力寻租，建议省物价部门统一选定、储备一定数量的测评专家，在各景区申请定价或调价时，随机选定测评专家赴景区独立开展测评工作并计算门票参考价格。

（二）优化价格听证会程序

价格听证程序为价格制定部门制定合理价格提供了必要的保障。鉴于目前景区价格听证实践操作中存在听证代表的遴选过于广泛、民众不能及时获得听证的相关资料、听证代表没有充分时间与民众进行沟通、听证价格的成本审核主体公信力不强等问题，建议对听证会程序做如下优化。

1. 变革听证会召集主体

在现行制度设计下，听证会召集主体既可以是政府价格决策部门，也可以是其委托的单位，如消费者委员会。在实际操作中，政府价格决策部门集发起者、召集者、组织者、协调者等多种角色于一身，因此建议县（市、区）级管辖的景区调价听证会，由州（市）级价格部门组织；州（市）级管辖的景区听证会，则由省级价格部门组织，相应的听证人也应在更广泛的范围内挑选。只有这样，才能在一定程度上避免价格听证会成为当地政府或利益集团控制的利益驱动型的听证会。

2. 细化听证代表遴选的具体步骤

要解决民众对遴选出的价格听证代表缺乏认同感的问题，就需要有关部门在遴选程序的过程中，严格地按照公开原则进行操作，让每个环节都暴露在民众的监督之下，具体做法如下。

首先，扩大必须公开的范围。在价格听证代表的遴选过程中，注意选择一定比例的本地和外地游客，除对听证代表遴选的原则、时间、人数以及听证代表遴选结果等内容进行公布外，还应把听证代表的报名情况、听证代表的联系方式、听证代表的身份、听证代表的抽签过程等内容向公众进行公开，听证代表的抽签过程应当公正透明，只有将听证代表的产生过程直接置于社会公众的监督之下，才能建立民众对听证代表的信任感。

其次，建立听证代表资格的公示制度。即当听证代表的正式名单确定后，价格听证组织部门应当在一定的时间内将名单向广大民众进行公示，接受社会监督。

最后，对听证会代表进行景区经营专业知识培训。由于听证会代表不一定了解相关法律法规和景区经营管理，因此召集方有必要邀请相关专家对听证会代表进行景区经营专业知识培训，使他们能深入自己所代表的消费群体进行调研，收集其所代表的消费群体的意见和建议，调查统计消费者对调价方案的意见，增强其代表性。

3. 建立听证资料全面披露制度

为了充分实现民众的知情权，确保民众的合法权益，有必要对现行的听证资料披露制度进行完善，即听证主持机关应当在听证会召开前的合理期限内，将申请方所提供的与听证相关的资料通过多种途径全部向听证代表和社会公众同时公开，并为公众查阅和索取提供方便；在听证会前，如果申请方需要补充新资料或者对原来资料进行修改，所补充的资料如对听证内容和公众利益可能会产生重大影响，应当重新确定听证资料公开的时间，以确保公众和听证代表有充分的时间进行讨论和研究。

（三）严格执行门票价格公示制度

明码标价是对经营者销售商品和提供服务的最基本要求。旅游者无论是自助旅游还是参团旅游，一般都会预先设计旅游线路，景区提前公开门票价格，有利于旅游者做出选择和判断。《价格法》第十三条规定，"经营者销售、收购商品和提供服务，应当按照政府价格主管部门的规定明码标价，注明商品的品名、产地、规格、等级、计价单位、价格或者服务的项目、收费标准等有关情况"。目前，景区门票价格一般分为散客价、团队价和对旅行社的协议价。由于对旅行社的协议价由景区与旅行社之间具体协商、各不相同，因而不需要公示。因此，景区应当执行《价格法》《旅游法》的相关规定，公示景区门票以及景区内游览场所、交通工具及餐饮、住宿等另行收费项目的散客价和团队价，保障旅游者的知情权和选择权。

此外，为了防止门票随意、频繁涨价，《旅游法》对门票价格的调整时间提出了要求，规定景区提高门票价格应当提前六个月公布，以保障旅游者的选择权，给旅游者和旅游经营商充分的准备和调整时间。对旅游经销商来说，包价旅游产品通常要提前销售，有的景区甚至是提前几个月就开始招徕旅游者，而其产品价格的形成多以景区门票价格为基础。提前公开价格，有利于减少旅游团费变化引起的不便和纠纷，保障旅行社和旅游者的权益。

第八章　云南省旅游景区资源补偿机制的优化

目前在景区经营中，不重视环境保护、不参与地方生态建设、不能很好地协调与社区居民关系，对景区进行孤立式、"杀鸡取卵"式的开发，最终导致景区生命周期迅速衰竭，这样的案例并不少见。价格机制包括价格的形成机制和运行机制。本书拟借鉴资源价值补偿相关理论，以案例研究的方式，通过分析和总结景区开发中的生态补偿制度和相关利益主体补偿制度，优化景区利益补偿机制，构建科学合理的景区补偿制度。

一　旅游景区生态补偿案例——以红河哈尼梯田为例

（一）红河哈尼梯田旅游开发情况

元阳县地处云南省红河哈尼族彝族自治州南部的红河南岸，现设2个镇、13个乡、132个村委会、4个社区居民委员会、970个自然村，总人口达37.15万人，世居哈尼、彝、傣、苗、瑶、壮、汉7个民族,是典型的多民族聚居的国家级特困县。县城南沙镇距省会昆明334公里,距州府蒙自146公里。长期以来,由于被红河分割、哀牢山阻隔,元阳县交通不便,很少受外来文化的冲击和影响。自20世纪80年代,随着我国改革开放的推进,哈尼山区也向外界开放,哈尼梯田的神秘面纱逐步被揭开,并向世界展现其美丽、神奇的风韵。1999年,有关专家建议将"红河哈尼梯田"申报为世界遗产;2001年1月,红河州成立"申报世界遗产领导小组办公室",全力推进"申遗"工作;2004年6月,在苏州举行的第28届世界遗产大会上,"红河哈尼梯田"被联合国教科文组织世界遗产中心正式列入中国世界遗产申报预备名单;2006年12月,哈尼梯田再次进入中国政府公布的35家世界文化遗产预备名单;2007年8月,红河州成立"哈尼梯田管理局",统一对梯田进行规划、管理、保护;2008年12月,云南世博元阳哈尼梯田旅游开发有限责任公司成立,并对哈尼梯田进行景区化开发和经营;2013年2月,经国务院批准,"红河哈尼梯田文化景观"被确定为我国2013年世界文化遗产申报项目;2013年6月20日,在柬埔寨召开的第37届世界遗产大会上,"红河哈尼梯田文化景观"被列入世界文化遗产目录,成为中国第45处世界遗产,使中国超越西班牙成为第二大世界遗产国,世界遗产数量仅次于意大利。申遗过程进一步扩大了哈尼梯田的影响力和吸引力。目前,哈尼梯田在国内外享有很高的知名度,梯田旅游正如火如荼地进行。

截至 2016 年，红河哈尼梯田旅游产品主要有农林畜产品及制品、传统手工产品与工艺品 2 个基本类型。其中包括梯田鱼、梯田鸡（鸭）、梯田蛋、梯田秀峰茶、梯田米、梯田荔枝等著名的农林畜产品及制品；哈尼族、彝族、傣族、苗族、瑶族、壮族 6 个当地少数民族的传统手工产品与工艺品。哈尼梯田旅游着重开发、包装本地区的特色食品、金银首饰、哈尼族等少数民族服饰、梯田风光画、民族小手工艺品等各具特色品牌的商品。

但是，在红河哈尼梯田旅游的发展过程中，哈尼梯田生态环境的保护者和建设者获利甚微，当地居民与景区经营者冲突不断。为促进红河哈尼梯田旅游的可持续发展，必须建立合理、科学的旅游补偿长效机制。

（二）景区开发及经营情况

红河哈尼梯田总面积为 461.04 平方公里，其中核心区面积为 166.02 平方公里，涉及 1 个镇 2 个乡（新街镇、攀枝花乡、黄茅岭乡）、18 个行政村、82 个自然村，共有 11664 户居民，总计 56375 人。目前已开发坝达、多依树和老虎嘴三大景区和箐口民俗村景区。坝达景区和多依树景区位于红河南岸的云南元阳观音山自然保护区北侧，老虎嘴景区位于藤条江北岸的云南元阳观音山自然保护区南侧。坝达景区包括新街镇和胜村乡的土锅寨、箐口、坝达、全福庄、麻栗寨、主鲁等连片的 1.4 万亩梯田；多依树景区包括胜村乡的多依树、爱春、大瓦遮等连片的上万亩梯田；老虎嘴景区包括攀枝花乡的勐品、硐浦、阿勐控、保山寨等的上万亩梯田。

为将红河哈尼梯田打造为世界级精品旅游景区，2009年5月，元阳县委、县政府与云南世博旅游控股集团有限公司共同对红河哈尼梯田旅游景区的基础设施及配套设施进行投资建设，完善景区门禁系统，修建游客集散中心，完善景区内部交通。建成后由世博元阳哈尼梯田旅游开发有限责任公司经营管理。之后，陆续进行了景区接待设施建设、停车场扩建、标牌标识建设以及内部交通道路系统建设，景区接待条件大为改观。截至2012年，总共投资8754万元。旅游交通及其他旅游接待条件的改善，为景区接待更多的旅游者提供了极大的便利，给景区带来了巨大的经济效益。例如，2010年，4个景点共实现总收入280万元，比2009年增长74%；2011年，购票游客人数为69257人，接待游客约7万人次，门票收入为316万元，同比增长12.9%；2012年，仅春节假期红河哈尼梯田购票游客人数为13211人，接待游客达41057人次，门票收入为673797元；2013年，游客人数已突破100万人次。2014年，新街镇实现农村经济总收入48861万元，农民人均纯收入4833元；牛角寨乡实现农村经济总收入27429万元，农民人均纯收入5080元；攀枝花乡实现农村经济总收入10821万元，农民人均纯收入4376元；南沙镇实现农村经济总收入17622万元，农民人均纯收入5778元。

经元阳县价格部门批准，哈尼梯田景区现行的门票售票制度如下：老虎嘴景区票价为 30 元，而箐口民俗村景区免门票；购买"一票通"的游客，可通票游览箐口民俗村景区、老虎嘴景区、坝达景区、多依树景区，门票价格为 100 元；购买"多天通票"的游客，可凭票在 10 日有效期内游览 4 个景区，票价为 180 元；购买"景区年票"的游客，可在 1 年内通票游览 4 个景区，门票价格为 360 元。虽然门票出售形式多样，但是也存在着问题，比如，如果游客只想选择游览坝达景区和多依树景区之间的一个景区，凭借目前的售票制度则无法实现。

另外，景区的售票窗口未将景区完全封闭，容易出现逃票的现象，附近村民私载游客进入景区的现象时有发生，严重影响了景区的门票收入。

（三）景区开发带来的冲突问题

红河哈尼梯田旅游的蓬勃发展，使哈尼族人民用自己双手和智慧创造的举世瞩目的哈尼梯田文化大放异彩，但与此同时也出现了一些突出问题，主要表现如下。

1. 当地村民和自然保护区管理部门获利较少

从目前哈尼梯田旅游经济利益分配情况来看，主要的获利者是旅游企业、旅游管理部门和相关的服务行业。新街镇和南沙镇的城镇建设越来越漂亮，城镇居民生活水平越来越高，这与自然保护区职工的低待遇和处于哈尼梯田生态旅游区的哈尼族人民的贫穷形成强烈的反差。由于元阳县是国家级贫困县，县财政不可能拿出更多的资金来开展自然保护区的建设和管理工作，只能保证观音山自然保护区管理所正式职工的福利待遇，分布在各乡镇管理站（点）的管理员（均是临时工）和聘请的护林员的工资和业务费由州财政划拨。由于资金有限，管理员每月工资不到 1000 元，护林员工资则更低。更为突出的问题是，由于哈尼梯田生态旅游区村民相当贫穷，文化素质不高，他们不可能拿出资金将自己的村寨改造成具有哈尼蘑菇房民居特色的旅游体验地，大多数人也不可能参与哈尼梯田湿地生态旅游服务工作，只能从事传统的农耕劳动，经济收入较低。

2. 哈尼梯田文化面临消失的危险

随着哈尼梯田旅游的开发，市场经济与传统经济、现代文明与哈尼传统文化发生了激烈的碰撞：在老虎嘴、坝达和多依树三个景区均发现，先富裕起来的少数哈尼族人民将蘑菇房改成了钢筋水泥房或砖瓦房；而大多数贫穷的哈尼族农家子女为脱贫致富，纷纷离开梯田和大山，背井离乡进城务工，从事梯田耕种的年轻人越来越少，追逐现代生活方式的年轻人越来越多，能熟知哈尼梯田文化的人越来越少，哈尼梯田文化面临消失的危险。

3. 梯田文化保护与景区开发不能协调发展

哈尼梯田景观资源是自然景观和人文景观的有机结合体，是人类社会的自然遗产和文化遗产。适度而合理的开发，有利于促进遗产保护，反之则会破坏遗产。但元阳县在哈尼梯田生态旅游的保护与开发方面做得不够，未将自然生态环境保护、哈尼梯田湿地人工生态环境保护与旅游开发作为有机整体来考虑，进而致使哈尼族人民创造的"山体—森林—水系—村庄—梯田—云海"6个要素共同构成的和谐发展的生态经济系统被逐渐打破。

二 景区相关利益主体补偿案例——以西双版纳傣族园、丽江玉龙雪山景区为例

（一）西双版纳傣族园开发中利益分配不均衡问题

目前在云南省旅游产业发展比较好的地区中，许多是以某一社区的少数民族传统文化，包括传统文化中的物质部分和非物质部分为依托进行景区化开发的，社区居民、当地政府和旅游开发商从中获得相应的利益回报。然而，社区居民、当地政府和旅游开发商利益不均衡而导致的冲突问题，不仅为景区的正常经营活动和升级改造带来严重影响，而且为当地旅游业的持续发展带来严峻挑战。

傣族园位于云南省西双版纳傣族自治州首府景洪市东南27公里处，共有曼听、曼春满、曼嘎、曼乍、曼将5个傣族村寨，景区总面积为3.36平方公里，是全国4A级景区。截至2015年年底，5个村寨共有309户居民，共计1487人。早在20世纪70年代，被称为"橄榄坝"的勐罕镇便有了游客。1999年，浙江金州集团投资对勐罕镇的曼听、曼春满、曼嘎、曼乍、曼将等村寨进行规划和开发，在经营方式上采

取了"公司+农户"的模式,从此,以弘扬和展示傣族文化风情为主要内容的体验式主题景区——傣族园开始进入人们的视野。近年来,浙江金州集团又累计投资4600万元,陆续修建了景区大门、迎宾广场、泼水广场、民族歌舞剧场、旅游厕所,对水电地下管线及游览道路进行升级改造,进一步优化和完善景区主体绿化工程,极大地改善了景区的接待条件。例如,在2012年,傣族园景区接待游客40.7万人次,门票总收入达1654万元,接待游客量位居野象谷景区、原始森林公园、热带花卉园、中科院西双版纳植物园之后;门票收入仅次于野象谷景区、原始森林公园、中科院西双版纳植物园,傣族园是西双版纳州重要的旅游景区。

然而,采用"公司+农户"经营模式的傣族园,其利益分配问题一直争议不断。景区开发初期,在政府主导下,金州集团以极其低廉的价格租下了村民的19.25亩林地和452.4亩田地,每年支付给村民的土地补偿金是23.1万元。但由于公司的电瓶车承包费、泼水广场租赁费等项目一年的收入就达30万元,景区门票总收入更高达1650万元,所以村民一直认为金州集团给予的土地补偿金过低。

村民们认为,傣族园最大的卖点是傣家竹楼、世代生活在傣族园里的村民及其创造的傣族传统文化,既然景区有价值的资源都为村民所有,那么村民就应该参与门票分成。傣族园内的村民与金州集团之间因为利益分配而引发的冲突时常发生,傣族园5个村寨的负责人每年都同金州集团商谈利益分配的问题，但一直没有解决。这些矛盾和问题如果不能及时得到妥善处理，可能进一步升级，这对景区的经营管理、民族文化的保护乃至当地的社会稳定、旅游业的持续发展都会产生负面影响。

（二）丽江玉龙雪山景区问题及利益补偿经验

1. 玉龙雪山景区经营及存在问题

丽江玉龙雪山景区于1988年被列为国家重点风景名胜区，1993年，云南省人民政府批准成立了丽江玉龙雪山省级旅游开发区。2001年，玉龙雪山景区被评为全国首批4A级景区，2007年5月又被评为国家首批5A级景区。景区面积为415平方公里。经过近20年的开发和建设，景区累计投资10多亿元，完善了景区水、电、道路等基础设施建设，开发建成了甘海子、冰川公园、云杉坪、牦牛坪、蓝月谷以及高尔夫球场、"印象·丽江"、皇冠假日等一批精品景点和旅游文化品牌项目；景区功能的完善有力地促进了景区的发展，例如，景区游客接待人数从1994年的4700人次增长到2012年的276万人次，增长了580多倍；景区总产值从1994年的24万元增长到2010年的8.1亿元，增长了3300多倍；2007年的门票收入为14766.83万元，2012年的门票收入为27050万元，5年间几乎增长了1倍，玉龙雪山风景区是云南省门票收入较高的景区之一。2015年国庆黄金周期间，丽江玉龙雪山景区门票价格优惠了20%，由130元降为104元。

玉龙雪山景区属丽江市玉龙县大具乡甲子村委会辖区，该区域内共有 19 个自然村，600 多户居民，约有村民 2000 人，有纳西族、苗族、藏族、彝族、汉族 5 个民族。景区开发前，居民通过在坡地上种植作物获取主要生活来源，人均年收入不到 200 元。景区在开发初期，没有处理好景区开发与当地居民发展经济的关系，把当地居民排除在旅游开发之外。居住在景区周边的一些居民在看到景区通过售卖商品及从事相关配套服务能够获得丰厚利润后，便纷纷搬迁至景区白水河（蓝月谷）、云杉坪、牦牛坪索道下部站等地，随处搭建临时住房、摊点、经营房等建筑物，从事租马、租牦牛、租防寒服、租雨衣、租民族服装、照相、民族打跳等服务。从 2005 年起，搬至景区的居民已达 360 户，占社区居民总户数的 60%；自建经营房 600 多间，搭建经营摊点 500 多个，直接参与旅游经营服务人员有 1300 多人，严重干扰和影响了景区的正常经营活动。归纳起来主要表现在以下几方面。

一是经营秩序混乱，拉客、宰客现象时常发生，游客投诉频繁，给景区形象和声誉造成极为不良的影响。

二是乱搭乱建、乱摆摊设点现象突出，生活垃圾乱丢、乱倒，草坪、树木被随意踩踏、砍伐，严重破坏了景区的旅游秩序和生态环境，导致景区内一些升级改造建设项目无法开展，严重影响了景区的持续发展。

三是社区居民贫富差距逐渐拉大，收入分配不均，村风、民风恶化，景区经营管理与居民生产生活矛盾突出，群体性的恶性冲突时常发生，严重影响了社会的稳定。

2. 玉龙雪山景区处理矛盾和冲突的主要做法

（1）资金补偿

为规范景区旅游秩序，探索一条通过旅游开发带动当地社会经济发展的新路子，改变景区开发与当地群众割裂的现状，使当地群众融入玉龙雪山景区的开发，提高社区群众的生活水平，丽江玉龙雪山管委会于 2006 年以"旅游业反哺农业"的方式，与社区居民签订了为期 5 年的"旅游业反哺农业"协议，每年补偿社区居民 1050 万元的"旅游业反哺农业"资金，户均年补贴 1.4 万元，人均年补贴 4500 元。补偿资金从景区门票收入、景区企业赞助及村民成立的公司创收 3 个方面筹措。补偿资金每年分 2 次发放。截至 2006 年 3 月，玉龙雪山景区内 19 个自然村组、1300 多名社区群众不再直接参与旅游服务，他们返回原居住地恢复农牧业生产，社区群众在景区搭建的住房、经营房、摊位等违法建筑物全部被拆除。"旅游业反哺农业"实施后，社区群众的年人均综合纯收入由原来的 200 多元增加到 6000 元（其中 4500 元为"旅游业反哺农业"的直接旅游收入）。截至 2011 年年底，"旅游业反哺农业"第一期累计投入资金共 5250 万元。

2011 年 6 月，景区管委会与社区办事处签订了第二期（2012~2016 年）"旅游业反哺农业"协议，将"旅游业反哺农业"年补偿资金提高为 1560 万元，比第一期增加了 510 万元，同比增长 48.57%；社区居民享受旅游反哺补助资金从原来的人均 4500 元/年增至人均 6000 元/年，增长了 33.33%，户均年补贴为 2.4 万元；此外，玉龙雪山景区每年还需投入 100 万元左右的扶持补助专项资金。

（2）资源补偿

对景区周边的白沙乡、龙蟠乡、大具乡、鸣音乡、奉科乡、宝山乡 6 个乡镇进行资源补偿及环境保护、基础设施建设等，截至 2011 年已累计投入资金 3469 万元。

（3）挂钩扶贫

玉龙雪山景区建立了扶贫挂钩制度，扶贫挂钩点包括华坪县荣将镇、永胜县东风乡闷龙河村、玉龙县黎明乡千旦村，共投入资金 80 余万元，为当地架设了 10 千伏输电线路 26 公里、修建了公路 16 公里等，积极地推动了丽江市贫困山区的脱贫致富进程。此外，还在玉龙县部分乡镇进行产业扶持、农民扶贫，改善村社基础设施及村容村貌；累计投入资金近 1000 万元，积极推动农业增产、农民增收、农村繁荣，有力地推进了新农村建设进程。

（4）建立环境保护专项资金

为建立旅游景区资源保护的长效机制，2002 年在调整玉龙雪山索道票价时，省物价管理部门规定索道票价提高部分的 50% 要上交当地财政专户，由政府安排专项资金用于玉龙雪山生态环境保护。2003~2011 年，景区管委会共提取环保专项资金 1.58 亿元，专项用于玉龙雪山环境保护及整治，共拆除违章建筑 480 栋，恢复植被 31800 平方米，绿化裸露区近 35 万平方米，种植景观林木 20000 株（丛），恢复景区内水面面积约 15 万平方米，建立冰川与环境观测研究站以进行公路绿化及加强林区管护等。

通过建立环境保护专项资金，有效地解决了环境保护资金缺乏的问题，让经营企业更好地承担保护生态环境的责任，树立企业与资源共生共存的理念，改变经营企业重开发轻保护、掠夺式开发的短期行为，实现了开发与保护的有机结合，以及资源的持续利用。

(5) 参与景区经营

通过建立社区服务运营机制，对原社区居民进行系列的培训，使当地居民转化身份成为景区服务人员，如景区的环卫人员。允许当地居民低价承包店铺在景区内进行经营，如民俗表演、餐饮服务等。

三 旅游景区补偿机制的优化

旅游景区补偿机制是为保证旅游景区正常经营活动的开展和实现对景区旅游资源的持续利用，依据一定的标准对相关利益主体的损失费用、机会成本和生态维护成本实施补偿的做法。其内涵包括补偿主体（补偿者和被补偿者），补偿主体之间相互作用的过程和规律，补偿方式和途径，补偿标准和评价体系，补偿政策保障。

(一) 旅游景区补偿的理论分析

1. 外部效应理论

外部效应是指企业或个人的行为对外部个体的影响。根据影响后果，可分为正外部效应和负外部效应。正外部效应，如上游居民植树造林，可以减少中下游地区的河湖淤积，从而使中下游地区在更长时期内免遭洪涝灾害；但是，上游居民可能由于缺乏积极性而不这样做。负外部效应，如上游砍伐树木、毁林开荒可能会给下游地区带来水土流失、河湖淤积等问题，甚至造成洪水，带来巨大经济损失。这对下游居民来说是一个较大的成本，但是上游居民不会承担这一成本，他们也没有动力考虑这一成本。停止伐木必然会减少上游居民的收入，在没有一定的激励和补偿的情况下，上游居民是不会承担植树造林义务的，因此，政府必须采取积极的干预政策，制定一定的激励和补偿措施使上游居民获得利益，即以利益补偿的方式让他们来承担这一成本。在景区经营中，同样存在外部效应问题，玉龙雪山景区原先的"乱象"表明，如果要规范景区经营秩序，必然会给周边乱摆摊设点的居民的收入带来影响，如果没有激励和补偿制度，或是补偿没有达到他们的要求，他们是不可能支持景区的规范管理的。

2. 庇古税理论

庇古税是英国经济学家阿瑟·庇古于1928年提出的、通过对产生负外部性的生产者征税或者对产生正外部性的生产者给予补贴，从而使外部性"内部化"的修正性税收制度。在经济活动中，当社会边际收益与私人边际收益背离时，不能靠在合约中规定补偿办法来解决。这时，市场机制无法发挥作用，即出现"市场失灵"。"市场失灵"找政府，"政府失灵"找市场。因此必须依靠外部力量，即政府干预加以解决。当它们不相等时，政府可以通过税收与补贴等经济干预手段使边际税率（边际补贴）等于外部边际成本（边际外部收益），使外部性"内部化"。为此，阿瑟·庇古在《福利经济学》一书中建议根据污染所造成的危害对污染者征税，用税收来弥补私人成本和社会成本之间的差距，使两者相等。这种建议被称为"庇古税"。在今天，"庇古税"也被称为"排污收费"。其相关理论被广泛应用于排污收费制度、退耕还林制度及资源补偿制度。

3. 生态资本和生态资源有偿使用理论

由于人类活动范围的不断扩大、活动程度的不断深入，在现代生态系统中，生态环境已不是"天然的自然"，而是"人化的自然"。既然生态环境离不开有效的管理，并被赋予了人的劳动，那么这种环境或生态系统便成了"生态资本"或是"自然资本"。因此，生态资本实质上就是人造的自然资产，不管是土地、矿藏，还是森林、水体，作为资源，它们都可以通过级差地租或者影子价格来反映其经济价值，从而实现生态资源资本化。按照资源的有偿使用原则，受益地区或企业应给予提供资源的地区一定的经济补偿，以保证生态资源的永续利用。在实践中，随着生态产品稀缺性的日益凸显，人们意识到，生态资本逐渐增值，而生态维护没有得到相应的回报，那么人们从事这种"公益事业"的积极性就不高，因此，资源补偿机制便成为资源有偿使用制度的核心内容。资源有偿使用制度，即资源使用人或生态受益人在合法利用自然资源过程中，对资源所有权人或为生态保护付出代价者支付相应费用的制度。

4. 博弈论

博弈论认为，博弈的过程就是各个理性的博弈方选择自己决策的过程。博弈论中有一个重要原理"纳什均衡"，它指的就是在没有外在强制力约束时，当事人按照制度安排而各自进行最优决策所构成的策略组合结果。当各博弈方都不愿或不会单独改变自己的策略组合时，博弈就有解。这个策略组合就是"纳什均衡"，即博弈的解。景区补偿确定的补偿标准，大多时候是各相关利益方博弈达到"纳什均衡"的结果。

（二）旅游景区补偿机制构想

1. 补偿原则

其一，谁受益谁补偿、谁破坏谁赔偿原则。景区经营者通过经营活动获得经济利益，是旅游资源的利用者、受益者，或许还是资源的破坏者，因此，他们不仅要承担相应的补偿责任，而且有义务对破坏后果承担赔偿责任。

其二，因地制宜原则。景区开发与社区的冲突，从根本上说是发展机会的冲突、经济利益的冲突，因此景区经营者要正确对待社区居民的利益诉求，结合景区开发实际，更多地采取社区参与方式，为居民创造就业机会、公平发展的机会。只要达到利益相关方的利益均衡点，就有可能形成和谐的景区经营环境。

其三，效率与平等兼顾原则。效率就是在保护好景区各种自然资源和文化资源的前提下，发挥资源的最大效用。平等就是通过政府干预，让旅游资源保护的外部经济"内部化"，让旅游资源的经营者、受益者补偿资源保护者和文化传承者，以改变收入分配不平等的状况。

其四，分等补偿原则。应在对旅游景区各种资源利用状况进行普查的基础上，按破坏程度将相应自然资源和文化资源分等定级，并结合资源的重要程度对其进行拯救、保护、修缮和传承，确定不同的补偿等级、标准和办法，对其进行合理补偿。

2. 补偿主体

（1）补偿者

其一，旅游景区经营企业。旅游景区经营企业通过对旅游资源的把控和利用形成垄断或独占优势，并将所垄断或独占的资源以门票的方式转化为商品从而获取利润，因此，景区经营者是最主要的补偿者，有义务维护旅游生态环境，回馈当地居民，更多地承担社会责任。

其二，地方政府。一方面，政府部门可能从景区经营者那里获得税收或管理费用、资源使用费用；另一方面，政府部门承担景区所在地区经济、社会发展和生态环境保护的重要职责，因此政府应当是景区旅游补偿责任的主导者、承担者和监督者。

（2）被补偿者

其一，地方政府。地方政府是当地经济活动及社会建设的组织者，对经营性的旅游景区开发者而言，地方政府是资源所有者的代表，因此也是被补偿者。政府获得企业的补偿资金后，应当反哺当地居民，为居民的生产生活提供财政支持。

其二，居民。社区居民可能是景区开发直接的参与者，有的甚至因为是景区资源的"所有权人"而成为利益相关方；同时，社区居民可能因景区的开发而丧失发展机会、损失财物，或成为生态环境的维护者、生态恶化的直接受害者。因此当地社区居民理所当然是被补偿者。

3. 补偿范围

（1）生态修复补偿

生态修复补偿主要包括野生动物致害补偿和生态移民补偿两部分。比如，在西双版纳，旅游生态补偿资金应对大象等野生动物侵袭造成的农作物损失和人员伤害的补偿专门列支；对生态移民的补偿不应仅限于显性的土地、房屋等补偿，还应考虑移民后因保留原有的生产、生活方式而产生的隐性费用。

（2）生态建设维护补偿

生态建设维护补偿主要包括生态基础设施建设补偿、生态维护成本补偿和生态造林补偿。生态环境建设只是生态保护的起点，要真正达到保护生态环境的效果，更关键的是要依靠对生态基础设施的长期维护。

（3）文化修复补偿

在生态修复的同时，应当考虑文化修复的补偿费用，对当地少数民族保留和恢复其民风、民俗及其他文化形态产生的成本费用进行补偿。

(4) 发展机会丧失及物产损失补偿

这是旅游景区补偿的重要方面。在一些旅游景区开发中，为了满足景区升级改造、保护生态环境的需要，一些居民放弃了原有的生产和生活方式以及生产物资，使原有的房屋及良田闲置，应当对此进行补偿。

4. 补偿方式

其一，通过建立利益补偿专项基金直接进行经济补偿。通过利用景区部分门票收入或收取景区经营者资源使用补偿费等方式，对景区占用耕地、房舍的社区居民进行直接的经济补偿，以及对生态环境保护所产生的成本费用进行补偿。

其二，政府给当地社区居民相应政策补偿。政府的补偿可以有多种形式，比如，减免各种赋税，帮助居民筹措开展经营活动所需要的资金，协调金融机构提供低息贷款，为当地居民提供日常生活用品、农业用品。当地政府、景区开发企业也可以利用自身所拥有的人才资源和专业技术优势，通过对口帮扶方式，为受偿地区培养、培训专业技术人才和经营管理人才，以提高他们创业增收、脱贫致富的能力。

其三，与社区居民开展旅游合作。对原社区居民进行一系列的培训，使当地居民转化身份成为景区服务人员，如景区的环卫人员；联合当地居民进行各种食品、旅游纪念品的加工和销售；让景区内社区居民能够分享旅游资源开发所产生的收益，从而实现对居民的利益补偿。

其四,建立生态旅游股份合作制。收益分配决定着社区居民参与旅游经营和保护旅游资源的积极性,因此,在开发景区旅游资源时,可采用"公司+农户"形式提供更高层次的服务,或是将景区部分股权转让给社区居民,允许他们将拥有的生产资料、生态旅游资源和技术转化为股本,进行股份合作经营,将社区居民经济利益和景区的兴衰"捆绑"起来,既有利于社区居民积极参与旅游景区资源的保护,又有利于实现对社区居民的利益补偿,从根本上保障社区居民的利益。

5. 补偿标准

补偿制度的关键是确定合理的补偿标准体系。在实践中,补偿标准体系的构建,应借鉴国内外相关研究理论和实践经验,运用效果评价法、收益损失法等方法,对景区旅游资源保护的投入成本、产出效益以及社区居民机会成本、实际损失进行科学评估和计算,从而确定利益相关方均能接受的补偿标准。

当然,旅游景区资源补偿是一项涉面广、投资大、长期性的复杂系统工程。作为一项具有正外部性的经济活动,旅游景区资源补偿具有非排他性、非竞争性、强制性、无偿性和不可分割性的特点,不仅需要依靠市场机制实现补偿价值最大化,而且需要政府提供强有力的政策支持,通过建立和优化景区补偿机制,科学推进补偿工作,实现旅游景区乃至地方旅游产业的持续发展。

附　录

附表1-1　云南省旅游景区门票价格分级管理目录
省价格主管部门

序号	所属州（市）	景区名称	等级	门票价格（元/人次）
1	丽江市	玉龙雪山	5A	105
2		虎跳峡	2A	65
3	昆明市	昆明世博园	4A	100
4		圆通寺		6
5	红河州	泸西阿庐古洞	4A	120
6	大理州	大理苍山景区		70
7		宾川鸡足山景区	4A	80
8	西双版纳州	中国科学院西双版纳热带植物园	5A	104
9	迪庆州	虎跳峡景区	4A	60

附表1-2　云南省旅游景区门票价格分级管理目录
州（市）价格主管部门

序号	所属州（市）	景区名称	等级	门票价格（元/人次）
1	丽江市	泸沽湖	4A	100
2		黎明景区		80
3		文笔山景区	3A	25
4		丽江东巴万神园	3A	30
5		丽江白沙壁画	3A	30

续表

序号	所属州（市）	景区名称	等级	门票价格（元/人次）
6	丽江市	玉柱擎天	2A	25
7		东巴万神园	2A	15
8		玉水寨景区	4A	50
9		玉峰寺景区	2A	25
10		东巴王国	2A	35
11		石鼓亭		5
12		老君山九十九龙潭景区		80
13		峡谷博物馆		20
14		丽江拉市海景区	2A	20
15		洛克故居		50
16		木府		60
17		观音峡	4A	80
18		束河古镇	4A	60
19		狮子山公园		15
20		净莲寺		5
21		北岳庙		20
22		雄古		20
23		金塔景区		60
24	昆明市	昆明动物园		15
25		大观公园	4A	20
26		金殿名胜区	4A	30
27		黑龙潭公园		20
28		昙华寺公园		5
29		郊野公园		8
30		西山森林公园	4A	40
31		玉兰园		3
32		海埂公园		8
33		九乡风景名胜区	4A	90
34		石林风景名胜区	5A	175
35		凤山森林公园		10
36		青龙峡风景区	3A	20
37		昆明植物园		东5/西10
38		轿子山风景名胜区		40

续表

序号	所属州（市）	景区名称	等级	门票价格（元/人次）
39	曲靖市	曲靖师宗凤凰谷生命文化主题公园	4A	73
40		菌子山景区		50
41		彩色沙林风景区	4A	45
42	楚雄州	世界恐龙谷	4A	96
43		元谋土林	4A	80
44		新华浪巴浦土林		72
45		紫溪山景区	3A	15
46		武定狮子山	4A	70
47		大姚石羊孔庙	3A	50
48	红河州	燕子洞风景区	4A	80
49		弥勒县白龙洞景区	2A	40
50		屏边县大围山原始森林公园		40
51	大理州	大理崇圣寺三塔文化旅游区	5A	121
52		大理蝴蝶泉公园	3A	60
53		天龙八部影视城	3A	52
54		南诏风情岛	4A	50
55		大理张家花园	3A	90
56		巍山巍宝山景区		50
57	西双版纳州	西双版纳野象谷景区	4A	160
58		西双版纳原始森林公园	4A	180
59		西双版纳勐景来景区	3A	36
60		西双版纳热带花卉园	4A	95
61		景洪曼听公园	4A	44
62		西双版纳傣族园	4A	64

续表

序号	所属州（市）	景区名称	等级	门票价格（元/人次）
63	迪庆州	普达措景区	5A	30
64		白水台景区		30
65		梅里雪山景区	4A	78
66		雨崩景区		80
67		金沙江大湾站		150
68		飞来寺景区		10
69		滇金丝猴国家公园		100
70		松赞林寺景区	4A	115
71		香格里拉高山植物园	2A	30
72		雾浓顶景点		60
73		迪庆天生桥景区	2A	20
74		大峡谷·巴拉格宗景区	4A	210
75		蓝月山谷景区	4A	30
76		香格里拉第一村		45
77	保山市	腾冲火山国家地质公园	3A	60
78		云南腾冲热海景区	5A	60
79		腾冲和顺景区	4A	80
80		北海湿地景区		110
81	昭通市	大关黄连河景区		88
82		盐津豆沙关		50
83		昭阳区大山包景区		78
84	文山州	文山西华公园	2A	8
85		文山头塘公园		3
86		白沙坡温泉公园		10
87	普洱市	中华普洱茶博览苑	3A	50

附表1-3 云南省旅游景区门票价格分级管理目录
县（市、区）价格主管部门

序号	所属州（市）	景区名称	等级	门票价格（元/人次）
1	昆明市	云南民族村	4A	90
2		郑和公园		2.5
3		宝海公园		5
4	曲靖市	珠江源风景区	4A	40
5		彩云洞风景区		35
6		九龙瀑布群风景区	4A	92
7		多依河风景区	3A	65
8		会泽大地缝		20
9		大海草山		25
10		江西会馆		8
11		唐继尧故居		5
12		湖广会馆		10
13	楚雄州	禄丰黑井古镇	3A	200
14		姚安光路古镇		10
15	红河州	城子古村		50
16		建水文庙	4A	60
17		建水县朱家花园	4A	50
18		开远市南洞景区		10
19		弥勒县锦屏山景区		40
20		元阳哈尼梯田		100
21	大理州	宾川县观音箐景点		4
22		将军洞风景区		2
23		大理金梭岛风景区		3
24		大理喜洲严家民居		35
25		大理市小普陀景区		2
26		大理喜洲宝成府		5

续表

序号	所属州（市）	景区名称	等级	门票价格（元/人次）
27	大理州	大理喜洲喜韵居景点		20
28		大理市上关花公园	2A	38
29		大理罗荃半岛旅游区		30
30		漾濞石门关景区	2A	30
31		剑川县石宝山景区		50
32		剑川县干狮山（满贤林）景区	3A	20
33		祥云水目山景区		30
34		祥云云南驿景区	2A	40
35		洱源西湖景区	3A	58
36		洱源县地热国	3A	50
37		弥渡县天生桥风景区		2
38		弥渡县铁柱庙		5
39		弥渡县东山国家森林公园	2A	2
40		南涧县灵宝山		2
41		云龙县虎山景区		10
42	西双版纳州	西双版纳望天树景区		65
43	玉溪市	玉溪九龙池公园		6
44		龙马山石城公园		10
45		龙马山溶洞		20
46		禄充风景区	4A	108
47		帽天山动物化石群		20
48		秀山历史文化公园	4A	50
49		易门龙泉国家森林公园	2A	20
50		古滇文化园	3A	20
51		碧云寺	2A	6

续表

序号	所属州（市）	景区名称	等级	门票价格（元/人次）
52	玉溪市	界鱼石		2
53		元江世界第一高桥	2A	25
54		磨盘山国家森林公园		60
55		嘎洒茶马古道		20
56		嘎洒石门峡		40
57		嘎洒金山丫口原始森林		10
58		陇西世族庄园	2A	10
59	保山市	李根源旧居		10
60		云峰山风景区	2A	60
61		腾冲大港旺宝文化旅游公司		20
62	德宏州	南甸宣抚司署	4A	30
63		姐勒水库公园		3
64		姐勒金塔		15
65		莫里热带雨林景区	4A	30
66		独树成林	2A	10
67		淘宝场	2A	50
68		瑞丽市一寨两国		30
69		三仙洞景区		20
70		勐巴娜西珍奇园	4A	30
71		黑河老坡		40
72		芒市大金塔		40
73	临沧市	翁丁原始部落文化旅游区	3A	135
74		彩壁国画		16
75		司岗里崖画谷	3A	20
76		沧源岩画		15

续表

序号	所属州（市）	景区名称	等级	门票价格（元/人次）
77	怒江州	丙中洛景区		100
78	昭通市	水富西部大峡谷景区	4A	168
79		昭阳区龙氏家祠景区		20
80	文山州	普者黑景区	4A	200
81		坝美旅游风景区	3A	100
82	普洱市	太忠徐家坝		5
83		小黑江森林公园	1A	3
84		龟山公园		2
85		勐梭龙潭		50
86		里坎瀑布		20
87		木依吉神谷		20
88		勐卧总佛寺		10
89		北回归线标志园	3A	30
90		双胞文化园		50
91		观音寺		2
92		宁洱大自然温泉		5
93		攀龙热水潭		5

附表 2　云南省 A 级旅游景区名录

序号	景区名称	所在州（市）	等级	备注
5A 级				
1	昆明石林风景名胜区	昆明市	5A	
2	中国科学院西双版纳热带植物园	西双版纳州	5A	
3	大理崇圣寺三塔文化旅游区	大理州	5A	
4	丽江玉龙雪山景区	丽江市	5A	
5	丽江古城	丽江市	5A	
6	迪庆香格里拉普达措景区	迪庆州	5A	
7	腾冲热海景区	保山市	5A	
8	昆明世界园艺博览园	昆明市	5A	
4A 级				
1	九乡风景名胜区	昆明市	4A	
2	云南民族村	昆明市	4A	
3	昆明市西山森林公园	昆明市	4A	
4	昆明市大观公园	昆明市	4A	
5	昆明金殿景区	昆明市	4A	
6	昆明官渡古镇	昆明市	4A	
7	昆明螺蛳湾国际商贸城	昆明市	4A	
8	云南野生动物园	昆明市	4A	
9	昆明七彩云南景区	昆明市	4A	
10	昆明轿子山	昆明市	4A	
11	昭通水富西部大峡谷景区	昭通市	4A	
12	陆良彩色沙林景区	曲靖市	4A	
13	罗平九龙瀑布群景区	曲靖市	4A	
14	沾益珠江源景区	曲靖市	4A	
15	曲靖师宗凤凰谷生命文化主题公园	曲靖市	4A	
16	曲靖会泽大海草山	曲靖市	4A	
17	曲靖师宗菌子山	曲靖市	4A	

续表

序号	景区名称	所在州（市）	等级	备注
18	通海秀山历史文化公园	玉溪市	4A	
19	玉溪映月潭修闲文化中心	玉溪市	4A	
20	玉溪汇龙生态园	玉溪市	4A	
21	澄江禄充风景区	玉溪市	4A	
22	腾冲和顺景区	保山市	4A	
23	禄丰世界恐龙谷	楚雄州	4A	
24	楚雄彝人古镇	楚雄州	4A	
25	元谋土林	楚雄州	4A	
26	武定狮子山	楚雄州	4A	
27	楚雄州博物馆	楚雄州	4A	
28	楚雄紫溪山	楚雄州	4A	
29	泸西阿庐古洞	红河州	4A	
30	建水燕子洞	红河州	4A	
31	建水文庙	红河州	4A	
32	红河建水团山古村景区	红河州	4A	
33	红河建水朱家花园	红河州	4A	
34	红河元阳哈尼梯田景区	红河州	4A	
35	红河弥勒湖泉生态园	红河州	4A	
36	丘北普者黑景区	文山州	4A	
37	普洱国家公园	普洱市	4A	
38	普洱西盟勐梭龙潭景区	普洱市	4A	
39	西双版纳傣族园	西双版纳州	4A	
40	西双版纳原始森林公园	西双版纳州	4A	
41	西双版纳热带花卉园	西双版纳州	4A	
42	西双版纳野象谷景区	西双版纳州	4A	
43	景洪曼听公园	西双版纳州	4A	
44	西双版纳勐泐文化园	西双版纳州	4A	

续表

序号	景区名称	所在州（市）	等级	备注
45	西双版纳望天树景区	西双版纳州	4A	
46	西双版纳勐泐大佛寺	西双版纳州	4A	
47	西双版纳茶马古道景区	西双版纳州	4A	
48	大理南诏风情岛	大理州	4A	
49	大理宾川鸡足山景区	大理州	4A	
50	大理银都水乡新华村景区	大理州	4A	
51	大理剑川石宝山·沙溪古镇旅游区	大理州	4A	
52	大理古城	大理州	4A	
53	大理祥云水目山文化旅游区	大理州	4A	
54	大理巍山古城—巍宝山旅游区	大理州	4A	
55	梁河南甸宣抚司署	德宏州	4A	
56	瑞丽莫里热带雨林景区	德宏州	4A	
57	潞西勐巴娜西珍奇园	德宏州	4A	
58	丽江玉水寨景区	丽江市	4A	
59	丽江束河古镇	丽江市	4A	
60	丽江黑龙潭	丽江市	4A	
61	丽江泸沽湖景区	丽江市	4A	
62	丽江观音峡景区	丽江市	4A	
63	丽江东巴谷景区	丽江市	4A	
64	丽江老君山国家公园黎明景区	丽江市	4A	
65	迪庆梅里雪山景区	迪庆州	4A	
66	迪庆虎跳峡景区	迪庆州	4A	
67	迪庆香格里拉松赞林寺景区	迪庆州	4A	
68	迪庆香格里拉蓝月山谷景区	迪庆州	4A	
69	迪庆香格里拉大峡谷·巴拉格宗景区	迪庆州	4A	

3A 级

1	云南人家	昆明市	3A	

续表

序号	景区名称	所在州（市）	等级	备注
2	晋宁盘龙寺	昆明市	3A	
3	昆明经典假日谷	昆明市	3A	
4	昆明安宁青龙峡风景区	昆明市	3A	
5	昆明星耀·水乡旅游度假区	昆明市	3A	
6	昆明寻甸星河温泉旅游小镇	昆明市	3A	
7	昆明宜良岩泉风景区	昆明市	3A	
8	昆明石林万家欢蓝莓庄园	昆明市	3A	
9	中国兵器房车温泉度假中心	昆明市	3A	
10	云南紫云青鸟国际珠宝文化旅游区	昆明市	3A	
11	昭通盐津豆沙关	昭通市	3A	
12	罗平多依河景区	曲靖市	3A	
13	曲靖罗平鲁布革三峡风景区	曲靖市	3A	
14	江川古滇国文化园	玉溪市	3A	
15	玉溪漠沙大沐浴花腰傣文化生态旅游村	玉溪市	3A	
16	腾冲火山国家地质公园	保山市	3A	
17	保山施甸杨善洲精神教育基地	保山市	3A	
18	禄丰黑井古镇	楚雄州	3A	
19	南华咪依噜风情谷	楚雄州	3A	
20	楚雄大姚石羊古镇	楚雄州	3A	
21	楚雄姚安光禄古镇	楚雄州	3A	
22	楚雄元谋人博物馆	楚雄州	3A	
23	楚雄永仁方山景区	楚雄州	3A	
24	红河州博物馆	红河州	3A	
25	红河开远南洞—凤凰谷旅游区	红河州	3A	
26	红河弥勒可邑旅游小镇景区	红河州	3A	
27	红河个旧锡文化创意产业园	红河州	3A	
28	文山广南世外桃源坝美景区	文山州	3A	

续表

序号	景区名称	所在州（市）	等级	备注
29	墨江北回归线标志园	普洱市	3A	
30	普洱中华普洱茶博览苑	普洱市	3A	
31	西双版纳勐景来景区	西双版纳州	3A	
32	西双版纳曼迈桑康景区	西双版纳州	3A	
33	大理蝴蝶泉公园	大理州	3A	
34	大理天龙八部影视城	大理州	3A	
35	大理地热国	大理州	3A	
36	大理洱源西湖	大理州	3A	
37	大理张家花园	大理州	3A	
38	大理剑川千狮山（满贤林）景区	大理州	3A	
39	大理罗荃半岛旅游区	大理州	3A	
40	大理南涧无量山樱花谷景区	大理州	3A	
41	德宏样样好翡翠文化产业园	德宏州	3A	
42	瑞丽一寨两国景区	德宏州	3A	
43	德宏畹町边关文化园	德宏州	3A	
44	德宏瑞丽边寨喊沙风景区	德宏州	3A	
45	德宏瑞丽姐告国际旅游景区	德宏州	3A	
46	德宏芒市珠宝小镇	德宏州	3A	
47	丽江白沙壁画景区	丽江市	3A	
48	丽江文笔山景区	丽江市	3A	
49	丽江金塔景区	丽江市	3A	
50	丽江东巴万神园	丽江市	3A	
51	迪庆霞给藏族文化旅游生态村	迪庆州	3A	
52	迪庆纳帕海景区	迪庆州	3A	
53	沧源司岗里崖画谷	临沧市	3A	
54	临沧沧源翁丁原始部落文化旅游区	临沧市	3A	

续表

序号	景区名称	所在州（市）	等级	备注
55	和成·临沧生态文化创新产业园	临沧市	3A	
56	临沧耿马孟定芒团景区	临沧市	3A	
2A 级				
1	晋宁郑和公园	昆明市	2A	
2	昆明寻甸红军长征柯渡纪念馆	昆明市	2A	
3	昆明龙润大龙潭生态休闲园	昆明市	2A	
4	大关黄连河景区	昭通市	2A	
5	华宁象鼻温泉度假村	玉溪市	2A	
6	易门龙泉森林公园	玉溪市	2A	
7	新平大槟榔园民族文化生态旅游村	玉溪市	2A	
8	新平新化古州野林	玉溪市	2A	
9	峨山高香生态茶文化旅游区	玉溪市	2A	
10	玉溪九龙池公园	玉溪市	2A	
11	江川碧云寺公园	玉溪市	2A	
12	江川明星鱼洞景区	玉溪市	2A	
13	新平哀牢山陇西世族庄园	玉溪市	2A	
14	新平龙泉公园	玉溪市	2A	
15	元江世界第一高桥旅游景区	玉溪市	2A	
16	玉溪澄江西浦公园	玉溪市	2A	
17	玉溪澄江凤山公园	玉溪市	2A	
18	昌宁鸡飞温泉旅游度假区	保山市	2A	
19	腾冲云峰山景区	保山市	2A	
20	腾冲叠水河景区	保山市	2A	
21	保山太保山森林公园	保山市	2A	
22	保山北庙湖旅游度假区	保山市	2A	
23	龙陵邦腊掌温泉旅游度假区	保山市	2A	

续表

序号	景区名称	所在州（市）	等级	备注
24	保山龙王塘公园	保山市	2A	
25	施甸石瓢温泉景区	保山市	2A	
26	云南公路馆旅游景区	保山市	2A	
27	腾冲高山乌龙茶马站景区	保山市	2A	
28	弥勒白龙洞	红河州	2A	
29	石屏焕文公园	红河州	2A	
30	红河蒙自南湖公园	红河州	2A	
31	国立西南联合大学蒙自分校纪念馆	红河州	2A	
32	个旧丫沙底瀑布温泉度假区	红河州	2A	
33	红河马帮古城	红河州	2A	
34	红河撒玛坝万亩梯田	红河州	2A	
35	石屏郑营村	红河州	2A	
36	绿春东仰风情园	红河州	2A	
37	富宁驮娘江景区	文山州	2A	
38	文山西华公园	文山州	2A	
39	文山广南八宝风景区	文山州	2A	
40	文山君龙湖水利风景区	文山州	2A	
41	普洱梅子湖公园	普洱市	2A	
42	澜沧拉祜风情旅游区	普洱市	2A	
43	孟连土司边境旅游区	普洱市	2A	
44	茶马古道旅游区	普洱市	2A	
45	景谷佛迹仙踪芒玉峡谷旅游区	普洱市	2A	
46	景东文庙	普洱市	2A	
47	普洱江城勐烈湖湿地公园	普洱市	2A	
48	普洱镇沅无量湿地公园	普洱市	2A	
49	西双版纳南药园	西双版纳州	2A	

续表

序号	景区名称	所在州（市）	等级	备注
50	思小高速公路（西双版纳段）	西双版纳州	2A	
51	大理洱海公园	大理州	2A	
52	大理上关花公园	大理州	2A	
53	弥渡东山森林公园	大理州	2A	
54	漾濞石门关景区	大理州	2A	
55	大理南国城	大理州	2A	
56	祥云云南驿景区	大理州	2A	
57	鹤庆边陲古寨	大理州	2A	
58	大理洱源茈碧湖景区	大理州	2A	
59	瑞丽独树成林景区	德宏州	2A	
60	瑞丽淘宝场	德宏州	2A	
61	丽江玉柱擎天景区	丽江市	2A	
62	丽江东巴王国景区	丽江市	2A	
63	丽江虎跳峡景区	丽江市	2A	
64	丽江玉峰寺	丽江市	2A	
65	丽江拉市海景区	丽江市	2A	
66	丽江三股水景区	丽江市	2A	
67	迪庆天生桥景区	迪庆州	2A	
68	迪庆州博物馆	迪庆州	2A	
69	迪庆藏经堂景区	迪庆州	2A	
70	迪庆州民族服饰展演中心	迪庆州	2A	
71	香格里拉高山植物园	迪庆州	2A	
72	香格里拉茶马古道金色大厅	迪庆州	2A	
73	梅里雪山生态热水塘景区	迪庆州	2A	
74	迪庆香格里拉娜姆措生态园	迪庆州	2A	
75	迪庆香格里拉呀啦嗦民间马术演艺文化交流中心	迪庆州	2A	

续表

序号	景区名称	所在州（市）	等级	备注
76	迪庆香巴拉藏文化博物馆	迪庆州	2A	
77	迪庆香格里拉洋塘曲文化生态景区	迪庆州	2A	
78	临沧五老山森林公园	临沧市	2A	
79	云县漫湾百里长湖景区	临沧市	2A	
80	永德忙海湖景区	临沧市	2A	
81	临沧花果山城市森林公园	临沧市	2A	
82	临沧沧源碧丽源芒摆有机茶庄园	临沧市	2A	
83	临沧沧源葫芦小镇	临沧市	2A	
84	临沧凤庆古墨传统文化村落景区	临沧市	2A	
85	临沧凤庆石洞寺景区	临沧市	2A	
86	临沧凤庆鲁史古镇	临沧市	2A	
87	临沧云县头道水酒谷景区	临沧市	2A	
88	临沧耿马孟定洞景佛寺景区	临沧市	2A	
1A级				
1	昆明安宁小泉山庄	昆明市	1A	
2	牟定化佛山景区	楚雄州	1A	
3	普洱小黑江森林公园	普洱市	1A	
4	勐海景真八角亭景区	西双版纳州	1A	
5	西双版纳打洛独树成林景区	西双版纳州	1A	
6	西双版纳雨林谷	西双版纳州	1A	
7	盈江凯邦亚湖游览区	德宏州	1A	
8	丽江北岳庙（三多阁）	丽江市	1A	
9	临沧西门公园	临沧市	1A	
10	凤庆凤山公园	临沧市	1A	

注：截至2016年6月，全省共有A级旅游景区231家，其中5A级8家，4A级69家，3A级56家，2A级88家，1A级10家。

参考文献

[1] Medlik S., *Development and Management of Visitor Attractions* (London: Butterworth Heinemann, 1999).

[2] Medlik S., *Dictionary of Travel, Tourism, and Hospitality* (London: Butterworth Heinemann, 1993).

[3] Pearce P. L., "Analyzing Tourist Attractions," *Journal of Tourism Studies* 2 (1991).

[4] Lew Alan, "A Framework of Tourist Attractions Research," *Annals of Tourism Research* 3 (1987).

[5] Jan G. Laarman, Hans M. Gregersen S., *Development and Management of Visitor Attractions* (London: Butterworth Heinemann, 1996).

[6] Brian Garrod, Alan Fyall S., *Dictionary of Travel, Tourism, and Hospitality* (London: Butterworth Heinemann, 2000).

[7] Larry Dwye, Peter Forsyth P. L., "Analyzing Tourist Attractions," *Journal of Tourism Studies* 2 (1991).

[8] H. R. Seddighi, A. L. Theocharous Alan, "A Framework of

Tourist Attractions Research," *Annals of Tourism Research* 14 (1987).

[9] Jukka Pellinen Kyle, "Manipulating Consumer Price Expectations for a 10K Road Race," *Journal of Sport Management* 17 (2003).

[10] 柏宁、臧岩:《旅游产品价格形成机制及旅游景区门票价格初探》,《东北财经大学学报》2008 年第 1 期。

[11] 蔡家成:《门票经济:我国旅游发展模式的折射》,《中国旅游报》2008 年 5 月 19 日。

[12] 蔡伟、孙萍、孙正尧、夏金花:《景区门票机制——扬州瘦西湖与杭州西湖的对比研究》,《江苏商论》2014 年第 2 期。

[13] 曹莎:《从管理体制看公共资源类旅游景区门票价格上涨》,华中师范大学,硕士学位论文,2008。

[14] 曹宇飞:《旅游景区门票定价机制的优化研究》,《旅游纵览》(行业版) 2011 年第 8 期。

[15] 曹宇:《我国风景名胜区的门票价格规制研究》,辽宁大学,硕士学位论文,2012。

[16] 岑长庆:《旅游景区开发中的文化营销管理探讨——以巴马长寿产业为例》,《现代商贸工业》2010 年第 11 期。

[17] 柴乐斯·戈尔德:《城市旅游规划原理》,上海财经大学出版社,2007。

[18] 陈松:《门票计时收费之我见》,《旅游学刊》1994 年

第 2 期。

[19] 陈婷婷：《我国 4A、5A 级景区门票价格空间差异研究》，华中师范大学，硕士学位论文，2014。

[20] 陈卫华：《机制、体制与规制——我国旅游价格规制的有效性分析》，《海峡科学》2010 年第 3 期。

[21] 程莉娜：《遗产型旅游景区门票价格上涨的深度研究》，长安大学，硕士学位论文，2007。

[22]《辞海》，上海辞书出版社，2002。

[23] 戴斌：《自然景区价格形成初探》，《财贸研究》1995 年第 6 期。

[24] 丁萌、李玉辉、范柱国：《旅游景区门票价格管理国际经验探索与启示》，《价格理论与实践》2012 年第 5 期。

[25] 范文澜等：《中国通史》，人民出版社，2004。

[26] 傅生生：《旅游景区门票价格飙升与监管问题研究》，《价格月刊》2014 年第 5 期。

[27] 冈恩：《旅游景区规划》，中国大百科全书出版社，2001。

[28] 高峻主编《旅游资源规划与开发》，清华大学出版社，2007。

[29] 高书军、董玉明：《旅游景点门票价格初探》，《海岸工程》2002 年第 2 期。

[30] 耿松涛：《我国旅游景区门票经济的转型之困与应对策略》，《价格理论与实践》2012 年第 7 期。

[31] 郭建伟、刘芳：《公共景区门票价格上涨的福利经济学

分析——基于正外部性的视角》,《价格月刊》2012 年第 9 期。

[32] 郭强、董骏峰:《旅游景区门票的资源保护型定价模型研究》,《旅游学刊》2010 年第 8 期。

[33] 郭志球、邓荣幸:《关于游览参观点门票价格管理中有关问题的探讨》,《价格理论与实践》2005 年第 11 期。

[34] J. C. 霍洛韦:《论旅游业:二十一世纪旅游教程》,孔祥义等译,中国大百科全书出版社,2011。

[35] 何佳:《国内旅游景区门票价格降价机制研究》,《价格月刊》2014 年第 2 期。

[36] 何剑波、王珍:《国内旅游景区门票价格优化管理问题研究》,《价格月刊》2012 年第 12 期。

[37] 赫玉玮:《关于旅游景区经营权转让若干问题的再思考》,《旅游纵览》(下半月) 2013 年第 9 期。

[38] 洪建利:《旅游景区门票价格上涨的博弈分析》,《旅游纵览》(下半月) 2014 年第 1 期。

[39] 胡抚生:《从〈旅游法〉出台看我国旅游价格监管的新思路》,《价格月刊》2013 年第 9 期。

[40] 胡抚生:《我国旅游价格监管问题研究》,《价格理论与实践》2011 年第 3 期。

[41] 胡俊峰:《旅游景区基于社会福利最优门票定价的现状与对策》,《经营管理者》2015 年第 10 期。

[42] 胡蓉蓉、陶卓民:《旅游景区门票价格的初步探讨》,

《价格月刊》2005年第9期。

［43］胡颖：《旅游景区门票价格上涨问题及其管理对策研究》，湖南大学，硕士学位论文，2006。

［44］胡子龙：《我国景区门票价格上涨的原因与对策研究》，《价格月刊》2013年第7期。

［45］黄安定：《我国旅游价格管理的思考》，《价格月刊》2014。

［46］黄凯、朱丽婷、陈之欢：《天坛公园门票价格分析》，《价格理论与实践》2008年第1期。

［47］黄潇婷：《国内旅游景区门票价格研究》，山东大学，硕士学位论文，2006。

［48］黄潇婷：《国内旅游景区门票价格制定影响因素的实证研究》，《旅游学刊》2007年第5期．

［49］黄羊山编著《新编旅游经济学》，南开大学出版社，2010。

［50］黄玉明、玉雷亭主编《旅游学概论》，上海交通大学出版社，2000。

［51］姜若愚主编《旅游景区服务与管理》，东北财经大学出版社，2003。

［52］姜甜：《基于产业关联的旅游门票经济模式转型研究》，北京交通大学，硕士学位论文，2008。

［53］康小青：《我国对门票经济的研究综述》，《旅游纵览》（下半月）2015年第5期。

［54］克里斯·库珀等：《旅游学：原理与实践》，张俐俐等

译，东北财经大学出版社，2010。

[55] 况学东：《我国旅游景区"门票经济"转型研究》，《广东广播电视大学学报》2014年第2期。

[56] 雷宏振、邵鹏、雷蕾：《我国旅游景区门票多目标定价机制研究》，《旅游学刊》2012年第7期。

[57] 黎飞、李坡、张晓松、袁芘：《贵州世界遗产景区门票定价研究》，《科技视界》2015年第14期。

[58] 李柏文、杨宏浩、张红喜：《旅游价格指数体系构建及其模拟测试分析》，《旅游学刊》2014年第3期。

[59] 李春燕、冯万荣：《景区门票涨价对旅行社经营的影响冲突及其可持续发展对策》，《商场现代化》2008年第3期。

[60] 李东芳：《中国遗产型旅游景区门票涨价的分析》，《特区经济》2011年第3期。

[61] 李分：《旅游景区门票定价研究》，河南农业大学，硕士学位论文，2014。

[62] 李冠瑶、刘海鸿主编《旅游学教程》，北京大学出版社，2005。

[63] 李佳：《收益管理在我国风景名胜区门票定价中的应用》，山东科技大学，硕士学位论文，2008。

[64] 李克定：《门券收藏散论》，2001。

[65] 李宁：《准公共产品视角下旅游景区门票合理定价的研究》，《东南大学学报》（哲学社会科学版）2012年第

S1 期。

[66] 李苹、朱斌：《国内景区门票价格的问题与改革》，《经济研究导刊》2013 年第 28 期。

[67] 李蕊：《准公益性景区门票定价系统研究》，湘潭大学，硕士学位论文，2014。

[68] 李玺：《旅游景区定价模式优化研究》，《价格月刊》2005 年第 4 期。

[69] 李雪梅：《公共资源型景区门票价格及其影响因素实证研究——以浙江省为例》，浙江财经大学，硕士学位论文，2015。

[70] 李肇荣、曹华盛主编《旅游学概论》，清华大学出版社，2006。

[71] 廖贺贺、黎训锭、樊旭雯：《国内景区门票涨价研究进展与述评》，《价值工程》2014 年第 3 期。

[72] 林玲：《旅游景区门票价格游客支付意愿与其影响因素的关系研究》，暨南大学，硕士学位论文，2013。

[73] 林南枝、李天元主编《旅游市场学》，南开大学出版社，1995。

[74] 林玉香、杜宁：《旅游景区门票涨价原因及对策》，《中国经贸导刊》2013 年第 32 期。

[75] 刘德鹏、张晓萍：《后现代旅游背景下古镇旅游的真实性创造——以云南省楚雄州彝人古镇为例》，《云南地理环境研究》2009 年第 6 期。

[76] 刘红霞：《景区游客满意度与门票价格容忍度关系研究》，陕西师范大学，硕士学位论文，2011。

[77] 刘静艳、王雅君：《景区门票分时定价策略研究》，《旅游学刊》2015 年第 7 期。

[78] 刘立云、雷宏振、邵鹏：《基于系统动力学的我国旅游景区门票定价研究》，《旅游科学》2012 年第 4 期。

[79] 刘卫东、胡志毅、陈博、高凡、高唐：《我国旅游景区门票价格的政府规制特点与优化措施》，《价格理论与实践》2013 年第 7 期。

[80] 刘肖梅：《可持续发展视角下景区门票涨价问题的思考》，《价格月刊》2010 年第 8 期。

[81] 刘肖梅：《旅游资源可持续利用与管理导论》，山东大学出版社，2010。

[82] 刘啸：《关于旅游景点门票价格确定模式的探讨》，《旅游学刊》2005 年第 3 期。

[83] 刘辛田：《制定旅游景区门票价格的探讨》，《价格与市场》2005 年第 6 期。

[84] 刘元晨：《旅游风景区门票价格预测模型及影响因素分析——以 2006 沈阳世园会门票价格预测方案为例》，《中国物价》2006 年第 4 期。

[85] 刘正芳、刘思正编著《旅游概论》，重庆大学出版社，2006。

[86] 吕云祥：《我国遗产类旅游景区门票定价研究》，南京师

范大学，硕士学位论文，2014。

[87]《旅游景区质量等级的划分与评定》(GB/T 17775-2003)。

[88] 马鹤丹：《资源依托型旅游产品的定价与分配问题的思考》，《桂林旅游高等专科学校学报》2001 年第 3 期。

[89] 马永立、谈俊忠、万绪才、张安：《制定风景区门票价格数学模型的研究》，《经济地理》2000 年第 1 期。

[90] 马勇：《旅游学概论》，高等教育出版社，2006。

[91] 毛彦斌、柴行莲：《旅游景区门票价格虚高及其理性回归分析》，《市场经济与价格》2015 年第 5 期。

[92] 毛彦斌、贾文毓、胡炜霞：《完善旅游景区门票价格调控机制的政策建议》，《价格理论与实践》2013 年第 6 期。

[93] 孟晓峰：《当前中国景区门票定价研究》，上海交通大学，硕士学位论文，2009。

[94] 南淑芹、刘新平：《旅华游客对旅游价格评价满意度的因子分析法》，《贵州大学学报》（自然科学版）2008 年第 1 期。

[95] 潘丽丽、孙玉勤：《旅游景区门票价格支付意愿研究——以西溪国家湿地公园为例》，《地理科学》2015 年第 4 期。

[96] 庞林：《旅游景区门票价格制定中 CVM 和 WTP 技术的运用与探讨》，《西南民族大学学报》（人文社科版）2008 年第 5 期。

[97] 齐飞：《旅游价格指数编制理论及应用研究全包价旅游产品的视角》，北京第二外国语学院，硕士学位论

文，2013。

[98] 秦杨：《国家级风景名胜区门票价格研究》，东北财经大学，硕士学位论文，2005。

[99] 屈学书、矫丽会：《旅游景区门票价格上涨的旅游经济学分析》，《北方经贸》2011年第2期。

[100] 邵鹏：《我国旅游景区门票定价研究》，陕西师范大学，硕士学位论文，2012。

[101] 宋飞宇：《遗产型旅游景区门票价格的实质、运行特征及问题探究》，《价格月刊》2015年第3期。

[102] 孙江虹：《优化旅游景区门票价格管理问题探索》，《价格月刊》2014年第6期。

[103] 孙钦明：《产业融合视角下门票经济的转型研究——以杭州西湖风景名胜区为例》，重庆师范大学，硕士学位论文，2011。

[104] 孙永龙：《论我国旅游景区经营权转让》，广西师范大学，硕士学位论文，2007。

[105] 孙玉勤：《旅游景区门票价格支付意愿测量与影响因素研究——以西溪国家湿地公园为例》，浙江工商大学，硕士学位论文，2015。

[106] 覃文乐：《深化景区门票价格改革　推动旅游产业转型升级——关于张家界市景区景点门票价格改革有关问题的思考》，《价格理论与实践》2010年第7期。

[107] 汤杰元：《考证门票源流》（上），上海科学出版社，1998。

[108] 唐兰:《唐兰先生金文论集》,紫禁城出版社,1995。

[109] 唐律轩:《5A级景区门票价格动态时空演变分析》,上海师范大学,硕士学位论文,2015。

[110] 唐晓云:《惠众与公平:我国旅游景区门票价格的管理诉求》,《价格理论与实践》2012年第9期。

[111] 陶犁主编《旅游地理学》,科学出版社,2007。

[112] 陶庆华、刘玉琴:《旅行社与寡头垄断型景区门票价格博弈分析——基于双方叫价拍卖模型》,《技术经济与管理研究》2007年第6期。

[113] 田勇、孙艳梅:《旅游景区门票价格模型确立研究》,《价格月刊》2007年第2期。

[114] 田勇:《中国旅游景区价格管理初探》,《价格月刊》2003年第1期。

[115] 汪德根、Alan A. Lew:《国家公园"门票经济"的公益性回归与管理体制改革》,《旅游学刊》2015年第5期。

[116] 汪季清、纵萌萌:《对规范旅游景区门票价格的几点思考——透析旅游景区门票价格上涨现象》,《价格理论与实践》2010年第8期。

[117] 王德刚:《门票涨价不能只打景区板子》,《中国旅游报》2012年4月25日。

[118] 王放:《景区门票价格调整对旅游者行为的影响研究》,湖南大学,硕士学位论文,2014。

[119] 王魁:《我国旅游景区门票价格的政府规制研究》,河

南大学，硕士学位论文，2013。

［120］王万茂主编《土地利用规划学》，中国大地出版社，2008。

［121］王晓敏：《博弈论视角下的旅游景区门票定价研究》，重庆师范大学，硕士学位论文，2012。

［122］王衍用、樊欣：《世界遗产门票涨价问题之管见》，《旅游科学》2005年第3期。

［123］王英娴：《博弈论视角下旅游景区门票定价的有关探究》，《中国外资》2013年第7期。

［124］王俣：《旅游景区门票价格管理浅析》，《旅游纵览》（下半月）2014年第3期。

［125］魏翔、邓州：《资源景区门票的最优价格——基于闲暇约束的博弈模型》，《旅游学刊》2007年第4期。

［126］《文物》，文物出版社，1973。

［127］吴必虎、宋子千等编著《旅游学概论》，中国人民大学出版社，2009。

［128］吴倩：《贵州省旅游景区门票定价问题研究》，《价格月刊》2012年第4期。

［129］吴忠军主编《旅游景区规划与开发》，高等教育出版社，2008。

［130］吴忠军主编《旅游景区规划与开发》，高等教育出版社，2003。

［131］奚奕：《旅游门票研究》，四川师范大学，硕士学位论

文，2007。

［132］夏金梅：《门票价格改革的困境与对策——以凤凰古城票制改革为例》，《价格月刊》2014年第2期。

［133］项小伟：《"免费西湖"背景下的杭州市旅游业经济效应研究》，浙江工业大学，硕士学位论文，2013。

［134］萧艳：《国际旅游目的地价格竞争力评价研究》，湖南师范大学，硕士学位论文，2013。

［135］谢培培：《国内旅游景区门票价格形成机制与价格管理研究》，成都理工大学，硕士学位论文，2011。

［136］徐乐尧：《汉简所见信符辨析》，《敦煌学辑刊》1984年第2期。

［137］许峰、石晓燕：《准公共产品视角下旅游景区门票价格研究》，《山东社会科学》2010年第1期。

［138］闫斌：《我国旅游法实施对旅游价格的调控及其法律完善》，《价格月刊》2014年第4期。

［139］严岗：《景区门票价格对旅游者消费的影响及认识误区》，《重庆工学院学报》2003年第3期。

［140］严岗：《景区门票价格对旅游者消费的影响及认识误区》，《重庆工学院学报》2003年第3期。

［141］严泽民：《对完善我国旅游景区门票价格形成机制的探析》，《价格理论与实践》2010年第9期。

［142］杨剑川：《从社会福利最大化角度出发，合理制定我国世界遗产类景区门票价格》，西南财经大学，硕士学位

论文，2007。

[143] 杨晓霞、张文菊：《基于游客角度的我国旅游门票定价探讨》，《中国物价》2007 年第 4 期。

[144] 杨欣：《国内外景区门票价格管理比较研究》，《经营管理者》2011 年第 6 期。

[145] 杨欣：《旅游产品价格的政府监管研究》，中南大学，硕士学位论文，2011。

[146] 依绍华：《对景区门票涨价热的冷思考》，《价格理论与实践》2005 年第 1 期。

[147] 依绍华：《规范景点门票价格　创建和谐旅游环境》，《价格理论与实践》2005 年第 11 期。

[148] 殷敏、夏胜林：《旅游景区门票定价方格图——相关者利益均衡的路径探索》，《北京第二外国语学院学报》2014 年第 1 期。

[149] 曾曼琼：《公共资源类旅游景区"门票经济"的原因及对策分析》，《中国集体经济》2010 年第 9 期。

[150] 翟建民、袁淏：《景区门票涨价问题分析及对策研究》，《中国物价》2012 年第 12 期。

[151] 张帆主编《旅游景区管理》，中国科学技术出版社，2009。

[152] 张健华、余建辉：《旅游景区游客数量调控技术的研究》，《技术经济》2007 年第 2 期。

[153] 张凌云：《旅游景区概论》，北京师范大学出版社，2010。

[154] 张凌云、齐飞：《北京旅游价格指数与居民消费价格指数关系研究》，《旅游科学》2013年第1期。

[155] 张明新、姚国荣、陆林：《旅游景区门票价格上涨的博弈分析和对策》，《皖西学院学报》2008年第2期。

[156] 张宁：《国内旅游景区的"门票生态"》，《中国经济时报》2012年11月12日。

[157] 张维、郭鲁芳：《旅游景区门票价格调整的经济学分析——利益相关者理论视角》，《桂林旅游高等专科学校学报》2006年第1期。

[158] 张文菊、杨晓霞：《我国旅游门票研究综述》，《人文地理》2007年第2期。

[159] 张雪晶、李华敏：《服务感知价值对景区旅游产品差别定价的影响》，《北方经济》2006年第19期。

[160] 张宇：《风景名胜区条例》，《中华人民共和国国务院公报》2006年第32期。

[161] 赵黎明、冷晓明等：《城市创新系统》，天津大学出版社，2002。

[162] 赵雅萍、吴丰林：《北京市旅游景区门票价格变迁、管理现状与发展趋势研究》，《经济研究导刊》2012年第4期。

[163] 郑芳：《嘉峪关市文物景区旅游资源价值评估与游客满意研究》，兰州大学，硕士学位论文，2008。

[164] 中国社会科学院环境与发展研究中心课题组：《国家风

景名胜资源上市的国家利益权衡》，《旅游学刊》2000年第1期。

[165] 周丽洁、熊礼明：《论旅游门票乱涨价中的"门票经济"及其治理》，《消费经济》2010年第1期。

[166] 朱斌、王学典：《基于旅游公平的景区门票价格研究》，《市场周刊》（理论研究）2015年第5期。

[167] 朱晓辉：《基于质量导向的旅游景区门票定价模型优化与实践——以云南旅游景区为例》，《学术探索》2015年第7期。

[168] 邹光勇、刘明宇、何建民：《一票制还是两部制？——对公共景区经营的纵向约束分析》，《旅游学刊》2015年第7期。

[169] 邹统钎：《中国旅游景区管理模式研究》，南开大学出版社，2006。

图书在版编目(CIP)数据

旅游景区门票价格优化研究:云南案例实证/朱晓辉,符继红著.--北京:社会科学文献出版社,2017.4

(西南边疆山地区域开发开放协同创新中心研究丛书)

ISBN 978-7-5201-0264-3

Ⅰ.①旅… Ⅱ.①朱…②符… Ⅲ.①旅游区-门票-价格-研究-云南 Ⅳ.①F592.774

中国版本图书馆 CIP 数据核字(2017)第 009436 号

·西南边疆山地区域开发开放协同创新中心研究丛书·
旅游景区门票价格优化研究:云南案例实证

著　　者 / 朱晓辉　符继红

出 版 人 / 谢寿光
项目统筹 / 宋月华　杨春花
责任编辑 / 周志宽　周晓静

出　　版 / 社会科学文献出版社·人文分社(010)59367215
　　　　　　地址:北京市北三环中路甲29号院华龙大厦　邮编:100029
　　　　　　网址:www.ssap.com.cn
发　　行 / 市场营销中心(010)59367081　59367018
印　　装 / 三河市尚艺印装有限公司
规　　格 / 开　本:787mm×1092mm　1/16
　　　　　　印　张:19　字　数:195千字
版　　次 / 2017年4月第1版　2017年4月第1次印刷
书　　号 / ISBN 978-7-5201-0264-3
定　　价 / 89.00元

本书如有印装质量问题,请与读者服务中心(010-59367028)联系

▲ 版权所有 翻印必究